Isabel Seeliger

Zu Hause ist es am schönsten

Isabel Seeliger

Zu Hause ist es am schönsten

Wohnen im Alter

Tectum Verlag

Isabel Seeliger

Zu Hause ist es am schönsten. Wohnen im Alter

ISBN: 978-3-8288-3092-9

Umschlagabbildung: © Susanne Herzog und Marie Möcking
Umschlaggestaltung: Heike Amthor | Tectum Verlag
Satz und Layout: Heike Amthor | Tectum Verlag
Druck und Bindung: CPI buchbücher.de, Birkach
Printed in Germany

Besuchen Sie uns im Internet
www.tectum-verlag.de

Bibliografische Informationen der Deutschen Nationalbibliothek
Die Deutsche Nationalbibliothek verzeichnet diese Publikation in der Deutschen Nationalbibliografie; detaillierte bibliografische Angaben sind im Internet über http://dnb.ddb.de abrufbar.

Inhalt

1 Einleitung

Selbstbestimmtes Wohnen ist für jeden Menschen wichtig. Im Alter gewinnt dieses Bedürfnis an Bedeutung, da die meisten Senioren zwei Drittel des Tages in ihrer eigenen Wohnung verbringen. Die Wohnung wird zum Lebensmittelpunkt. Besuch wird empfangen, der Alltag bewältigt und die Freizeit zu einem großen Teil zu Hause verbracht. Das der Mensch alt wird, ist keine Krankheit, sondern der normale Verlauf des Lebens. Altern ist ein Prozess, der nicht von heute auf morgen stattfindet, sondern Schritt für Schritt während des Lebenszyklus verläuft. Der Körper verändert sich im Laufe des Lebens. Man sieht es in der Bevölkerung und jeder erkennt diese Modifikation am eigenen Körper. Wie verändert sich unser Körper? Wie nehmen wir unsere Umwelt durch die Veränderung unserer Sinne wahr? Diese Fragen habe ich mir am Anfang meiner Recherchen gestellt und die gleichen Fragen sollte sich jeder stellen, der Wohnräume für Senioren plant. Es ist wichtig zu verstehen, was mit dem Körper passiert und wie die Umwelt im Alter wahrgenommen wird, damit der Wohnraum genau auf die Bedürfnisse der Menschen angepasst wird. Der Psychologe A. Kruse hat in einer Umfrage herausgefunden, dass für 90% der Senioren die eigene Wohnung das Liebste ist. Dennoch wird oft mit dem Alter der Umzug in eine stationäre Einrichtung verbunden. Wir als Planer können noch so moderne, dem Alter angepasste Einrichtungen entwerfen, wenn ein großer Teil der Bevölkerung die Bauten ablehnt. Sicherlich haben in der Vergangenheit negative Schlagzeilen wie Misshandlungen oder mangelnde Hygiene in Pflegeeinrichtungen Empörungen in der Gesellschaft ausgelöst und gleichzeitig Angst bei den Senioren, was die Überlegungen für einen Umzug in eine stationäre Einrichtung für alte Menschen negativ beeinflusst. Weiterhin bedeutet der Ortswechsel den Verlust des eigenen sozialen Netzwerks und des unabhängigen Wohnens. Ein hoher monatlicher Kostenaufwand kommt ebenfalls auf die Bewohner zu. Die Politiker und Stadtplaner sind sehr damit beschäftigt, neue innovative Wohnformen und Bauten für Senioren zu entwickeln. Das ist alles schön und gut. Doch was ist mit dem oben genannten Wunsch der Menschen, in ihrem Zuhause alt zu werden und leben zu können bis zum Tod? Wir müssen auf die Wünsche und Bedürfnisse der Menschen eingehen. Wenn jemand die Ambition hat, bis zu seinem Tod in seiner Wohnung oder seinem Haus zu leben, sollten wir diesen Wunsch akzeptieren und den Wohnraum an die Bedürfnisse des Bewohners anpassen. In meinem Buch lege ich den Schwerpunkt auf das Wohnen im Alter in den eigenen vier Wänden. Viele Senioren haben sich in jungen Jahren ein Haus gebaut oder leben mehrere Jahrzehnte in ihrer Wohnung und wollen nicht umziehen. Ich betrachte diese Wohnform genauer und werde einen Leitfaden für jeden einzelnen Raum erstellen. Dabei werde ich mich mit folgender Leitfrage beschäftigen: Welche innenarchitektonischen Gestaltungskriterien sind wichtig für das Leben im Alter? Anhand einer eigenen Studie belege ich den Bedarf und den Mangel, der in den heutigen Wohnungen alter Menschen besteht. Mit Hilfe der Studie stelle ich individuelle Wohnbeispiele vor und zeige, welche Hindernisse vorhanden sind. Es muss nicht immer gleich notwendig sein, nur weil man eine Treppe nicht mehr bewältigen kann oder die Schwellen in der Wohnung zu Hindernissen werden, ins Altersheim zu ziehen. Deshalb möchte ich Anregungspunkte geben, die für Senioren ein dauerhaftes Wohnen zu Hause ermöglichen. Kleine Umbaumaßnahmen können oft Wunder bewirken und die Lebensqualität der Bewohner erheblich verbessern. Es sollte das Ziel eines jeden Planers sein, die Selbstständigkeit der Senioren in ihrer Wohnung zu fördern.

2 Alter und demographischer Wandel in Deutschland

Der Begriff „alt“ wird abgeleitet von dem lateinischen Wort „altus“ was übersetzt „groß, hoch gewachsen, ernährt“[1] bedeutet. Ist ein hochgewachsener 20-Jähriger nach dieser Definition alt? Die Frage stellt sich also: Wann ist ein Mensch alt? Die Weltgesundheitsorganisation hat 1980 eine sprachliche Unterscheidung festgelegt:

51-60 Jahre	alternde Menschen
61-75 Jahre	ältere Menschen
76-90 Jahre	alte Menschen
91-100 Jahre	Langlebige.[2]

Für jedes Individuum ist eine signifikante maximale Lebenserwartung definiert, also der höchstmögliche Lebenszeitraum eines Organismus einer Gattung. Eine Eintagsfliege lebt, wie ihr Name schon sagt, einen Tag, ein Hund hat eine Lebensdauer von ca. 12 - 15 Jahren, ein Pferd von etwa 30 Jahren und bei den Menschen leben in Deutschland die Frauen derzeit im Durchschnitt 83 Jahre und die Männer 79 Jahre. Tendenz steigend. Aber warum? Warum leben wir immer länger?

---

1 http://de.wikipedia.org/.

2 Vgl. Jasper, B., Lehrbuch Altenpflege – Gerontologie, Hannover 2002, S. 54.

Diese Frage kann nur anhand des demographischen Wandels erklärt werden. Demographischer Wandel heißt vereinfacht ausgedrückt: Immer mehr Menschen werden immer älter. Dieser Prozess dauert über Jahrzehnte und nimmt kontinuierlich zu. Es wird von einer „alternden Gesellschaft" gesprochen. Zukunftsprognosen machen deutlich, dass bis zum Jahr 2050 die Zahl der Jugendlichen abnimmt, sie sinkt von 17,7 Mio. auf unter 10 Mio, während ein Bevölkerungszuwachs um das Dreifache bei den Über-80-Jährigen erwartet wird. Auch die Altersgruppe der Über-100-Jährigen wird zunehmen, von 11 000 auf 70 000 und im Jahr 2067 sogar auf 115 000. Somit verzehnfacht sich diese Bevölkerungsgruppe.[3] Dieser Vorgang lässt sich sehr gut in der folgenden Grafik erkennen. Es wird von einer sogenannten Alterspyramide gesprochen, die 1910 in der Grafik noch als solche wahrnehmbar ist. 2050 steht die „Pyramide" auf dem Kopf.

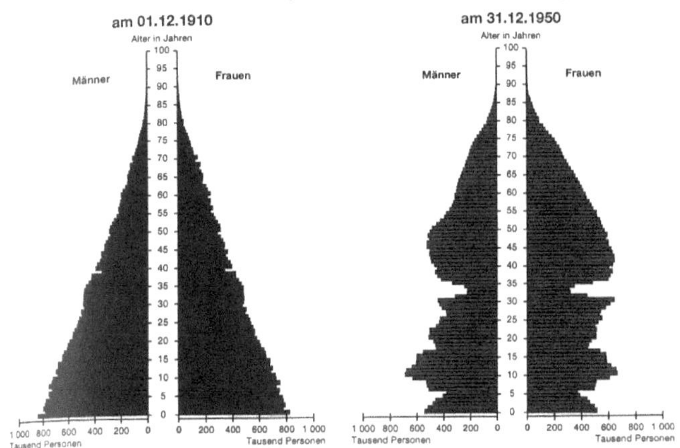

3 Vgl. Jasper, B., Lehrbuch Altenpflege – Gerontologie, Hannover 2002, S. 54ff.

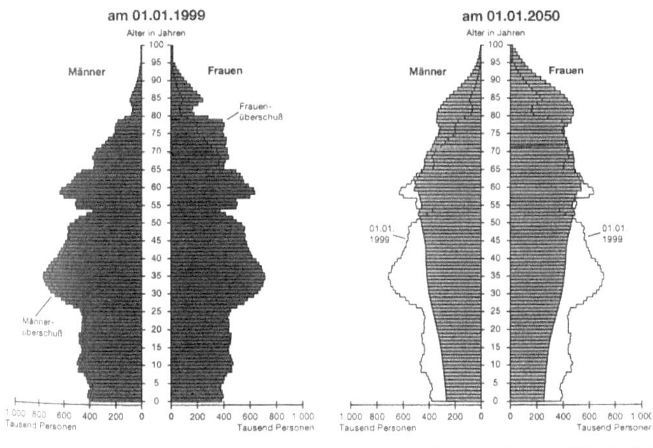

Abbildungen: Jasper, B., Lehrbuch Altenpflege – Gerontologie, Hannover 2002, S. 73

Welches Phänomen ist für die Entwicklung des Altersstrukturwandels verantwortlich? Noch bis zum 18. Jahrhundert wurden die Menschen selten älter als 35 Jahre. Sie starben, bevor sie alt wurden. Mitte des 19. Jahrhunderts stieg die Lebenserwartung auf circa 45 Jahre an. Erst zu Beginn des 20. Jahrhunderts erhöhte sich die Lebenserwartung auf etwa 67 Jahre. Gründe für diese Entwicklung sind zum einen die verbesserte Ernährung in allen Bevölkerungsschichten und die steigenden Hygienebedingungen in den Bevölkerungszentren, zum anderen die technische Entwicklung, die das Leben und die Arbeitsbedingungen vereinfacht. Nicht zu vergessen ist auch der immer noch steigende medizinische Fortschritt. Aufgrund dieser Faktoren steigt das Bevölkerungswachstum und die Sterblichkeit sinkt. Dies bedeutet ein längeres Leben für den Menschen. Höhere Einkommen, verbesserte Bildung und daraus resultierende steigende Erwerbschancen vor allem bei Frauen machen ein Leben ohne Kinder attraktiver.

Die traditionelle Rollenverteilung verliert an Bedeutung. Immer mehr Frauen wollen ihren eigenen Lebensunterhalt verdienen und somit unabhängig von ihrem Partner bleiben. Auch die moderne Arbeitswelt fordert eine hohe Souveränität und Leistung beider Partner, sodass ein Familienleben erschwert wird. Diese Prozesse führen dazu, dass die Geburtenraten in den Industrieländern deutlich sinken. Dadurch erhöht sich das Durchschnittsalter der Bevölkerung. Auch die Säuglingssterblichkeit hat sich im Verlauf der Jahrhunderte verändert. Die nachfolgende Abbildung zeigt, dass Mitte des 19. Jahrhunderts (Kurve A) eine hohe Sterblichkeit bei Neugeborenen und jungen Menschen vorkam. Etwa 150 Jahre später (Kurve B) ist die Säuglings- und Kindersterblichkeit enorm gesunken. Kurve C zeigt die Veränderung der Sterblichkeit im hohen Alter. So wird es nichts Außergewöhnliches sein, wenn die Bevölkerung in Zukunft ein Durchschnittsalter von 85–90 Jahren erreicht.

In der Bevölkerung ist festzustellen, dass Frauen eine höhere Lebenserwartung als Männer haben. Frauen leben etwa fünf Jahre länger. Warum ist das so? Zum einen hat das männliche Geschlecht eine geringere gesundheitliche Versorgung, sie gehen seltener zum Arzt als Frauen. Zum anderen haben Männer eine stärkere Neigung zu einer ungesunden Ernährung und eine höhere Risikobereitschaft für Alkoholkonsum, Nikotinkonsum, Extremsport und Unfälle.[4]

> *„Die Demographie bzw. Bevölkerungswissenschaft in einem engeren Sinne bezieht sich auf die Beschreibung und Analyse von Größe, Verteilung, Struktur und Veränderung von Populationen. Jede Veränderung der Bevölkerungszahl und -struktur ist demographisch gesehen ein Effekt von Fertilität, Mortalität und Migration."*[5]

---

4 Vgl. Schimany, Die Alterung der Gesellschaft, Frankfurt/Main 2003, S. 150f.

5 Schimany, Die Alterung der Gesellschaft, Frankfurt/Main 2003, S. 15.

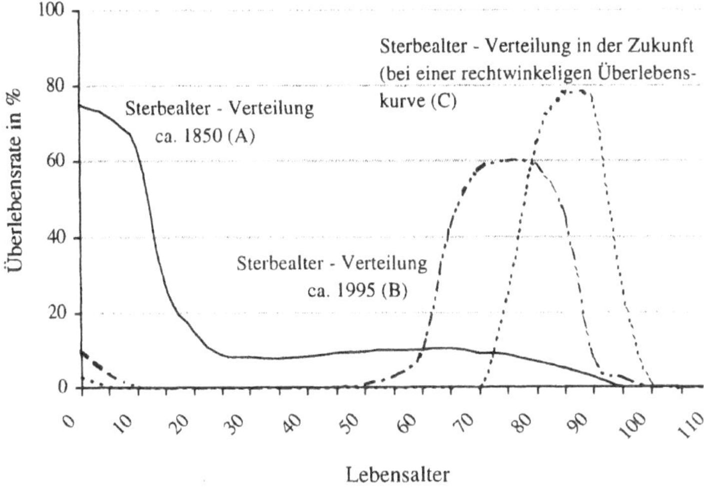

Abbildung: Schimany, Die Alterung der Gesellschaft, Frankfurt/Main 2003, S. 117

Die Veränderung der Geburtenrate und Sterberate habe ich schon erwähnt, die Migration spielt ebenfalls eine Rolle. Ohne die Zuwanderung von ausländischen Arbeitskräften und Asylbewerbern wäre die Bevölkerungszahl in Deutschland bereits in den 70er Jahren schon drastisch gesunken.

2.1 Lebensalter

Als Lebensalter wird die Dauer des Lebens bezeichnet. Es beginnt mit dem Tag der Geburt und endet mit dem Tag des Todes. Es sind also die Jahre, die ein Individuum lebt. In der heutigen Altersforschung gibt es eine weitere Definition, die das Lebensalter beschreibt: „Mit dem Alter wird die relative

Position einer Person oder eines Objektes auf der physikalischen Zeitachse definiert."[6]

2.2 Kalendarisches Alter

Das kalendarische Alter ist die Festlegung der Zeitrechnung in Jahren, also die Bestimmung des Alters nach dem Geburtsdatum.

2.3 Physiologisches Alter

Es beschreibt, in welchem Zustand sich die Organe befinden und wie das gesamte Lebewesen in Erscheinung tritt. Gemeint ist der körperliche Zustand eines Individuums. Der Soziologe F. Giese hat eine Studie angelegt mit der Leitfrage „Wann fühlt sich der Mensch zuerst alt und was bringt ihm die Tatsache, dass er altert, zum Bewusstsein?"[7]

6 Boothe, Ugolini, Lebenshorizont Alter, Zürich 2003, S. 17.

7 Thomae, Lehr, Altern – Probleme und Tatsachen, Wiesbaden 1977, S. 24.

Anstoß für das Alterserlebnis (körperliche Veränderungen)

Veränderungen und Störungen im Bereiche der Organe	% sämtlicher Antworten
1. Bewegungsapparat (Muskeln, Rücken, Zähne, Knochen, Extremitäten)	17,7
2. Nerven (einschließlich Gedächtnis, Schlaflosigkeit)	15,7
3. Sinnesorgane (Auge, Ohr)	14,6
4. Haut (Haare, Falten usw.)	14,4
5. Ermüdung	10,5
6. Sexualorgane	9,2
7. Kreislauf (Herz, Arterien)	7,1
8. Stoffwechsel (Zucker, Gicht)	5,0
9. Verdauung (Magen, Darm)	3,2
10. Harn (Niere)	1,7
11. Atmung (Lunge, Erkältung usw.)	1,2

Tabelle: Thomae, Lehr, Altern – Probleme und Tatsachen, Wiesbaden 1977, S. 24

Die Tabelle zeigt deutlich, dass den Probanden primär die physischen Veränderungen des Körpers bewusster werden als die psychischen Symptome. Anpassungsreaktionen nehmen mit zunehmendem Alter ab. Die Sinnesorgane verändern sich. So nimmt die Hörfähigkeit ab, die Muskeln bilden sich zurück, die Knochendichte sinkt. Diese Abläufe, sowie die Menopause verlaufen nach einer physikalischen Gesetzmäßigkeit und treten normalerweise um das 50. Lebensjahr auf. Jedoch ist auch hier im Laufe der letzten Jahrzehnte eine Veränderung festzustellen. Die heute 75- und 80-jährigen Senioren haben eine deutlich höhere Leistungsfähigkeit als die gleiche Altersgruppe vor 15 Jahren.[8]

Eine weitere Definition für den Begriff physiologisches Alter: „[…] die fortschreitenden Veränderungen, die im Erwachsenenalter auftreten und meistens, aber nicht immer,

8 Vgl. Boothe, Ugolini, Lebenshorizont Alter, Zürich 2003, S. 17.

die Lebensfähigkeit des Individuums verschlechtern."[9] Die Veränderung der Gestalt gibt zu erkennen, dass ein Mensch altert. Bereits mit 25 Jahren beginnt die Alterung der Haut. Weitere Merkmale lassen erkennen, dass der Mensch altert:

Die Haare werden grau und fallen aus, die Haut wird faltig und trocken, die Augen treten zurück, es bilden sich Augenringe. Auf der Hautoberfläche bilden sich Altersflecken und Pigmentierungen. Die Zähne fallen aus. Bei Frauen erschlafft das Gewebe der Brust.

Ältere Menschen nehmen an Körpergewicht zu und die Körperhaltung wird schlaff und gebeugt. Weiterhin verändern sich die körperlichen Aktivitäten, die Beweglichkeit wird langsamer und der Gang unsicher, da die Muskeln schnell ermüden. Die beruflichen Leistungen gehen ebenfalls zurück. Z. B. bei Handwerksberufen werden die Bewegungen langsamer und die Körperkraft nimmt ab.

Auch das Nachlassen der Sinnesfunktionen gehört zum Altern, ferner die Altersweitsichtigkeit (unzureichende Fähigkeit, die Sehschärfe einzustellen), die altersbedingte Schwerhörigkeit und das Nachlassen des Tast-, Geschmacks- und Geruchssinns.

2.4 Soziologisches Alter

Die Gesellschaft ordnet jedem Menschen Rollen und Funktionen zu. Diese Gruppierung wird als soziologisches Alter verstanden. Gesellschaftliche Faktoren prägen und beeinflussen das soziale Handeln von alten Menschen. Durch die Kommunikation und die Medien werden Bilder mit dem Alter assoziiert und an die Alten herangetragen. Hier ist es die Fremdeinschätzung, Alter als Status in der Gesellschaft, geprägt von Normen und Werten. In Deutschland möchten vie-

9 Ricklefs, Finch, Altern Evolutionsbiologie und medizinische Forschung, Heidelberg 1996, S. 4.

le Menschen ein langes Leben haben, aber sie möchten nicht „alt“ aussehen oder als „alt“ eingeschätzt werden.

2.5 Psychologisches Alter

Psychische Veränderungen sind meist Ursache einer Krankheit oder werden durch Schicksale (Tod eines nahestehenden Menschen), Lebensereignisse oder soziale Faktoren (Umzug von dem vertrauten Wohnort in eine fremde Umgebung) beeinflusst. Das psychologische Alter ist die Selbsteinschätzung einer jeden Person: „Man ist so alt wie man sich fühlt.“

2.6 Demenz als Altersphänomen

Je älter ein Mensch wird, desto höher ist das Risiko, an Demenz zu erkranken. Bei den Über-80-Jährigen sind es 17 % und ab 90 Jahren leidet fast jeder Dritte unter dieser Erkrankung. Demenz ist: „Organisch bedingter, meist fortschreitender Verlust der früher vorhandenen Leistungsfähigkeit des Gedächtnisses (zentrales Symptom), der Denk- und Urteilsfähigkeit und/oder der Fähigkeit zur Anpassung an soziale Situationen.“[10] Die Betroffenen können sich den Inhalt von Gesprächen und von Fernsehsendungen oder Zeitungsartikeln nicht merken. Sie erinnern sich nur teilweise an kurz zurückliegende Ereignisse. Auch Gegenstände werden verlegt und die Patienten können sich nicht daran erinnern, wo sie diese Dinge hinterlegt haben. Im weiteren Verlauf der Krankheit ist es schwierig für die Betroffenen, eigene Entscheidungen zu treffen und Probleme zu bewältigen. Dies geht bis hin zu Antriebslosigkeit, zunehmenden Stimmungsschwankungen, Sprachstörungen und Orientierungslosigkeit. Im mitt-

10 Fröhlich, Werner D., Wörterbuch Psychologie, 24. durchgesehene Aufl., München 2002, S. 118.

leren Stadium sind die Patienten nicht mehr in der Lage, ihren Lebensalltag selbst zu bewältigen. Sie brauchen Hilfe beim Einkaufen, Zubereiten von Mahlzeiten, Bedienen von Haushaltsgeräten, Baden, Duschen oder Aufsuchen der Toilette. Das Zeitgefühl geht verloren und Datum und Tageszeit werden durcheinandergebracht. Das Langzeitgedächtnis verblasst, Erinnerungen an das frühere Leben verschwinden. Oft wissen sie nicht, wen sie geheiratet haben oder dass sie Kinder haben und wie sie heißen.[11]

Die häufigste Form der Demenz ist die Alzheimererkrankung. Das Absterben der Gehirnzellen ist verantwortlich für die Sprachstörungen und Orientierungslosigkeit des Patienten. Eine andere Form ist die vaskuläre Demenz. Hier sorgen Durchblutungsstörungen durch Herz-Kreislauf-Erkrankungen für schlagartige Verschlechterungen der Hirnleistungen. Es treten Zeichen eines Schlaganfalls auf, wie z.B. Sprachstörungen. In den meisten Fällen sind mehrere Erkrankungen die Ursache für eine Demenz, wie Vergiftung des Körpers durch Drogen oder Alkohol, Schilddrüsenerkrankung oder ein Tumor. Auch Diabetes und Bluthochdruck können eine Demenz auslösen. Bei diesen Erkrankungen kann die Krankheit geheilt werden, indem die Grunderkrankung behandelt wird. Anders ist es bei der Alzheimer- und vaskulären Demenz – hier ist keine Heilung möglich, weil sich der Abbau der Gehirnzellen noch nicht aufhalten lässt. Die meisten Demenzkranken sind nicht mehr in der Lage, allein zu leben bzw. für sich zu sorgen. Sie benötigen eine Rundumversorgung in einer stationären Einrichtung oder ambulante Betreuung. Demenzkranke reagieren sehr empfindlich auf ihre Umwelt. Jede noch so kleine Störung kann sie verunsichern. Sie können ihre Orientierung verlieren und dadurch aggressiv oder ängstlich werden. Deshalb ist es wichtig, kon-

---

11 Vgl. Deutsche Alzheimer Gesellschaft e.V., Das wichtigste über die Alzheimer Krankheit, 13. Aufl., Berlin 2008, S. 7ff.

krete Räume für dementiell erkrankte Menschen zu gestalten. Es gibt einige Aspekte, die zu berücksichtigen sind, damit sich Demenzkranke in ihrer Umgebung wohlfühlen und orientieren können. Die Raumtemperatur ist entscheidend, da ältere Menschen oft frieren und krank werden, wenn ein Raum zu kalt ist. Dagegen neigen sie zu Müdigkeit oder Aggressivität, wenn ihnen ein Raum zu warm ist. Die optimale Raumtemperatur für Menschen, die an Demenz leiden, liegt zwischen 21°C und 23°C. Auch die Beleuchtung muss berücksichtigt werden. Die Leuchtstärke sollte mindestens 500 Lux auf Fluren und in Gemeinschaftsräumen betragen, da Demenzkranke häufig Angst im Dunkeln haben und Schattenbildungen zu optischen Halluzinationen führen können und Angst auslösen. Eine wichtige Therapiemethode für erkrankte Personen ist die taktile Stimulation, denn die Hände müssen spüren können. Die Umgebung sollte daher reizintensiv sein. Die Patienten benötigen Gegenstände, die sie herumtragen und anfassen können wie Zeitschriften, Bücher, Taschen, Tücher, Kissen, Teddys und Puppen. Auch Kräuter auf den Fensterbänken sind denkbar. Sie riechen und schmecken gut und sind ungefährlich für die Patienten. Die Demenzstation sollte eine ruhige Atmosphäre haben, denn laute Geräusche kann ein dementiell erkrankter Mensch nicht einordnen, er wird unruhig oder selbst sehr laut. Es ist jedoch gut und wirkt beruhigend, wenn zeitweise ganz gezielte Musik eingesetzt wird. Ein Therapieraum auf der Station ist wichtig, da das Verlassen der vertrauten Umgebung Ängste auslösen kann. Der Raum darf nicht zu groß sein, der Patient muss sich orientieren können. Der Raum sollte allerdings auch nicht zu klein sein, weil er sonst bedrückend wirkt und Unruhe entstehen kann. Ein ovaler oder runder Tisch im Raum hat eine wichtige Funktion für einen Kranken. Der Tisch bietet Anhaltspunkte zur Raumorientierung. Menschen, die an Demenz leiden, wissen oft nicht, wo oben und unten im Raum ist. Der Tisch muss auch stabil sein, da sich der Patient auf ihn setzt oder klettert.[12] Innerhalb einer Etage sollten sich die Farben abwechseln, damit ein Kranker sich orientieren kann. Um das Langzeitgedächtnis anzuregen und das eigene Zimmer in einer stationären Einrichtung zu finden, kann es hilfreich sein, die Tür offen zu lassen. Die Patienten erkennen dann ihre Möbel, die sie oft schon jahrzehntelang besitzen, von „draußen" und wissen so welches ihr eigenes Zimmer ist. Für die zeitliche Orientierung kann einerseits eine große Uhr oder ein Kalender helfen, aber auch der Geruchssinn kann zur Hilfe genommen werden wie der Duft nach Kaffee, der dem Patienten signalisiert, dass es Frühstück gibt. Auch die Jahreszeit kann durch Gerüche erkannt werden, der Duft nach Nelken, Anis oder Plätzchen deutet z. B. auf Weihnachten hin.

12 Vgl. Schaade, G., Ergotherapie bei Demenzerkrankungen, 4. Aufl., Heidelberg 2008, S. 33.

Sitzbereich im Flur einer stationären Einrichtung für Demenzkranke

2.7 Erfolgreiches Altern

In der Wissenschaft wird auch von dem erfolgreichen Altern gesprochen, Hannes B. Stähelin definiert es als „[…] kulturelle, individuelle und gesellschaftliche Leistung, die jedes Individuum zu bewältigen hat, in der aber zugleich auch vielfältige Erfolgschancen für den Einzelnen und die Gesellschaft liegen".[13] Es ist wichtig, dass jeder Mensch lernt, mit seinen körperlichen Beeinträchtigungen, die im Alter auftreten, umzugehen, und trotzdem eine positive Lebenseinstellung behält. Jeder Einzelne sollte sich diesen Lebensabschnitt angemessen gestalten und ihn als lebenswert empfinden.

13 Vgl. Boothe, Ugolini, Lebenshorizont Alter, Zürich 2003, S. 8.

3 Wahrnehmung

> *„Gesamtheit aller Prozesse, die sensorischen Informationen aus Umwelt und eigenem Körper Zusammenhang und Bedeutung verleihen, zu ihrer bewussten Erfassung, Auffassung bzw. Erfassung beitragen und es ermöglichen, einen Wahrnehmungsgegenstand zu lokalisieren, ihn zu erkennen, von anderen zu unterscheiden, ihn sich einzuprägen und auf ihn offen oder verdeckt zu reagieren."*[14]

Der Mensch nimmt die Umwelt als gesamte Person wahr, nicht nur mit einzelnen Sinnesorganen. „Es ist nicht das Auge, das sieht, nicht das Ohr, das hört, sondern immer der ganze Mensch."[15]

3.1 Wahrnehmung im Alter

Es ist wichtig für einen Planer zu verstehen, wie sich die Wahrnehmung im Alter verändert, um so den Bedürfnissen der Senioren gerecht zu werden und ihnen ein angemessenes Umfeld zu schaffen. Daher möchte ich in diesem Kapitel die Veränderungen unserer Sinne mit zunehmendem Alter vorstellen.

---

14 Fröhlich, Werner D., Wörterbuch der Psychologie, 24. durchges. Aufl., München 2002, S. 470.

15 Jasper, B., Lehrbuch Altenpflege – Gerontologie, Hannover 2002, S. 328.

Durch die ansteigende Motorisierung und den technischen Fortschritt ist der Mensch in seiner Sinnes- und Körperwahrnehmung drastisch eingeschränkt. Dies beginnt oft schon im Kindesalter und setzt sich im Erwachsenenalter fort. Im Alter ist auch die Wahrnehmungsfähigkeit vielfach begrenzt oder teilweise ganz ausgefallen. Die Funktionsfähigkeit unserer Sinnesorgane verändert sich. Ältere Menschen sind im Sehen beeinträchtigt, sie sind durch Höreinbußen eingeschränkt und der Geruchs- und Geschmackssinn bilden sich zurück. Auch die Haut, das größte Sinnesorgan des Menschen, bleibt vom Altern nicht verschont, so nimmt auch die taktile Wahrnehmung ab.

3.2 Sehen im Alter

Das Auge gibt uns die Möglichkeit, die Umwelt dreidimensional wahrzunehmen. Es dient zur Orientierung im Raum (Informationen zum Aufbau des Raumes wie Boden, Wände, Decke und Hindernisse). Es erkennt Handlungsmöglichkeiten, Farben und Formen und unterscheidet Muster. Und das Auge vermittelt zwischen visueller Wahrnehmung und Handlung. Für den Menschen hat der Lichtsinn eine große Bedeutung, er ist der Leitsinn für eine sichere Orientierung. Lichtstrahlen fallen auf die Linse des Auges und werden auf die lichtempfindliche Netzhaut projiziert. Hier befinden sich die Sehzellen, die für das Farbsehen und den Hell-dunkel-Sehraum verantwortlich sind. Diese Reize werden vom Sehnerv an das Gehirn gesendet.[16] Das Auge ist unser Leben lang im Einsatz und oft hoher Reizüberflutung ausgesetzt, somit lässt mit zunehmendem Alter die Funktion des visuellen Sinnes nach. Eine normale Veränderung des Auges ist die Altersweitsichtigkeit. Sie lässt sich durch Sehhilfen wie Brillen oder Lupen ausgleichen.

---

16 Vgl. http://de.wikipedia.org/wiki/Visuelle_Wahrnehmung.

Es gibt jedoch auch Veränderungen, die zu massiven Sehbeeinträchtigungen führen und sehr häufig im Alter auftreten. Im Folgenden möchte ich diese Krankheiten vorstellen und bildlich darstellen, um nachvollziehen zu können, wie diese Menschen die Umwelt visuell wahrnehmen.

3.2.1 Grauer Star (Katarakt)

Abbildung: http://www.derungslicht.com

Der graue Star ist eine Trübung der Linse. Sie ist meist altersbedingt und tritt häufig erst nach dem 60. Lebensjahr auf. Menschen, die unter dieser Krankheit leiden, nehmen einen Schleier oder eine Grautrübung im Sehen wahr. Eine Operation kann das Sehvermögen verbessern.[17]

17 Vgl. http://www.augentagesklinik.com/de/informationen/patienten/grauer_star.php.

3.2.2 Makuladegeneration

Abbildung: http://www.derungslicht.com

Diese Augenerkrankung tritt meist erst ab dem höheren Lebensalter auf (ab 60 Jahren). Es tritt eine Verschlechterung des Scharfsehens ein. Die Mitte des Blickfeldes ist verschwommen oder der Erkrankte sieht zentral einen dunklen Fleck. In der Mitte der Netzhaut finden altersbedingte Verschleißerscheinungen statt. Seit einigen Jahren bewahrt ein operativer Eingriff vor völliger Erblindung, sodass die Krankheit nicht weiter fortschreiten kann. Die Makuladegeneration ist jedoch nicht heilbar.[18]

18 Vgl. http://www.onmeda.de/krankheiten/makuladegeneration.html.

3.2.3 Grüner Star (Glaukom)

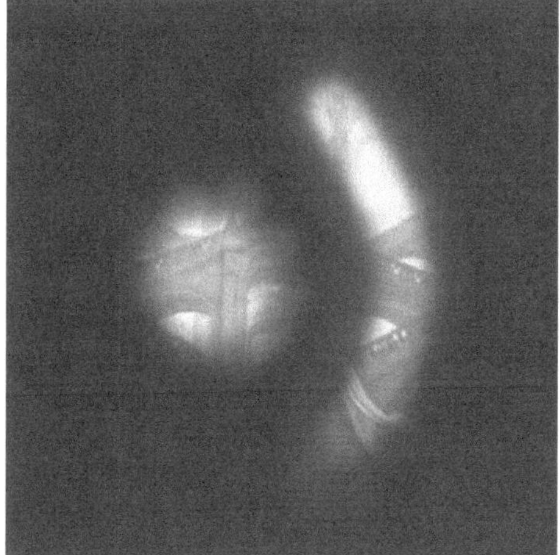

Abbildung: http://www.derungslicht.com

Der grüne Star ist eine Erkrankung der Sehnerven und wird durch zu hohen Augendruck verursacht. Der Blickwinkel wird immer geringer. Wenn diese Krankheit nicht behandelt wird, kann sie zur Erblindung führen. Der Grüne Star kann durch eine Operation gelindert, jedoch nicht geheilt werden.[19]

3.3 Licht

> *„Licht ist das Medium, das die visuelle Wahrnehmung überhaupt erst möglich macht."*[20]

Das Licht ist der kleine sichtbare Bereich von elektromagnetischer Strahlung, den der Mensch wahrnimmt. Die Reich-

19 Vgl. http://de.wikipedia.org/wiki/Glaukom

20 http://www.licht.de/de/licht-know-how/ueber-licht/licht-und-sehen/.

weite beträgt 380–780 nm Wellenlänge, das ist eine Frequenz von 789–385 THz. Dieser sichtbare Bereich sorgt dafür, dass das Auge Helligkeit und Farbempfindungen erkennen kann. Licht benötigt eine bestimmte Zeit vom Entstehungsort bis zum Auge des Betrachters.

Spektrum sichtbaren Lichtes

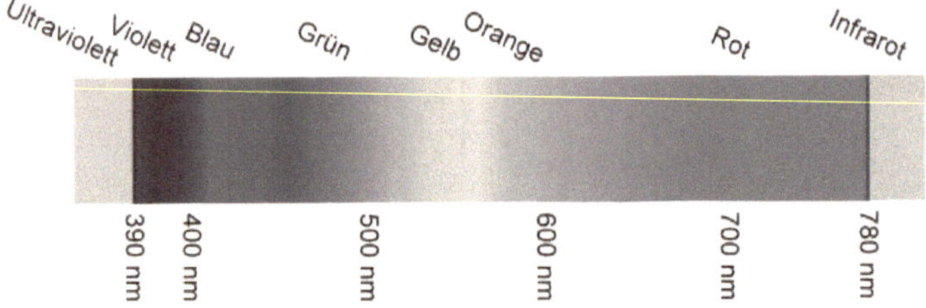

Abbildung: http://architecture.swarovski.com

3.3.1 Lichtbedürfnisse im Alter

Im Alter verliert die Linse ihre Elastizität, Senioren können auf Grund dessen Gegenstände, die weniger als ein Meter entfernt sind, nicht mehr scharf sehen. Das Auge schaltet langsam zwischen Fern- und Nahsehen um. Darum sind tageslichtweiße Lichtquellen ratsam. Sie gewährleisten ein gutes Farbsehen und verbessern die Sehschärfe im Nahbereich. Durch die Verminderung des Sehvermögens benötigen ältere Menschen einen hohen Lichtbedarf. Dieser kann durch eine bessere Beleuchtung erreicht werden. Daher ist es wichtig, die Beleuchtungsverhältnisse in der Wohnung für eine sehbeeinträchtigte Person anzupassen. Es können vorhandene Lichtquellen verstärkt werden oder ausgeleuchtete Bereiche durch die Veränderung der Lichtquellenausrichtung verbessert werden. Es dürfen keine Blendungen entstehen, Schatten sollten nach Möglichkeit vermieden und auf plötzliche Übergänge von hellen in dunkle Lichtbereiche verzichtet werden.

3.3.2 Lichtplanung für alte Menschen

Eine mangelhafte Beleuchtung erhöht das Sturzrisiko und wirkt sich negativ auf den Schlaf-Wach-Rhythmus aus. Licht ist das wichtigste Element zur Regulierung der inneren Uhr, der Mangel an natürlichem Licht kann durch intelligente Kunstlichtlösungen und durch Tageslichtlenkung ausgeglichen werden. Viele Menschen fürchten sich in der Dunkelheit, weil Ängste und Probleme intensiver wahrgenommen werden und bei Schattenbildungen optische Halluzinationen entstehen. Diese können verringert werden, indem die Lichtquellen in Augenhöhe an der Wand installiert werden. Da jeder Raum unterschiedlich genutzt wird, ist auch eine differenzierte Beleuchtung sehr wichtig. In Fluren ist eine Leuchtstärke von mindestens 500 Lux in Augenhöhe empfehlenswert und eine horizontale Beleuchtungsstärke von 200–300 Lux auf dem Boden. Schlagschatten oder Glanzstellen auf dem Boden führen zu Fehltritten, weil sie als Hindernisse wahrgenommen werden. Helle Materialien für Wand und Boden sind empfehlenswert und matte Oberflächen vermindern den Reflexionsgrad.

negativ

positiv

Abbildungen: http://www.derungslicht.com

Stufen und Unebenheiten sollten optisch durch Farb- und Materialänderungen im Boden hervorgehoben werden. Hauseingänge sollten von innen hell beleuchtet sein, da der Übergang von hell zu dunkel schwierig für das Auge ist und bei einigen älteren Menschen Angst auslöst. In der Küche ist darauf zu achten, dass der Arbeits- und Kochbereich ebenfalls gut beleuchtet ist, hier sind 500–1000 Lux ratsam, damit es keine Verletzungsgefahr beim Zubereiten von Mahlzeiten gibt und die Verbrennungsgefahr beim Kochen vermieden wird. Im Essbereich sollten ebenfalls 500 Lux bei einer Höhe bis 85 cm über dem Boden bestehen. Im Wohn- und Schlafbereich genügt eine blendfreie Raumbeleuchtung von 200–300 Lux. Mit einer separaten Leseleuchte sollte der Lesebereich eine Beleuchtungsstärke von 500–1000 Lux erreichen. Diese Leuchte sollte dimm- und drehbar sein, um den individuellen Anforderungen gerecht zu werden. Für Toiletten sind 300 Lux auf einer Höhe bis 85 cm über dem Boden ausreichend. Im Badezimmer sollten mehrere Leuchten installiert werden und die Leuchtmittel eine Beleuchtungsstärke von 500 Lux erreichen. Empfehlenswert sind eine Deckenbeleuchtung, die den gesamten Raum erhellt, sowie Leuchten seitlich oder über dem Spiegel und eine Beleuchtung über der Dusche bzw. Badewanne. Ebenfalls sollte indirektes Licht eingesetzt werden, es schützt vor Reflexion und vermindert die Sturzgefahr.[21]

21 Vgl. Steiner, Henrike, Ins rechte Licht rücken, in: Heim+Pflege Band 37, Ausgabe 12/2006, S. 354ff.

3.4 Farbe

> *„Einer allgemein gültigen Definition zufolge ist Farbe die Bezeichnung für eine spezifische visuelle Empfindung, die durch sichtbare Strahlung, den sogenannten Farbreiz, ausgelöst wird.“*[22]

Der Farbreiz entsteht durch Lichtbrechung von einer natürlichen oder künstlichen Lichtquelle an einem Gegenstand.

> *„Farbe lässt Licht, Raum, Form, Bewegung, Zeit und Inhalte sichtbar werden[...]“*[23]

Wir können Farbe sehen, weil sich auf unserer Netzhaut empfindliche Farbrezeptoren befinden. Diese wirken getrennt für Rot, Grün und Blau. Alle anderen Farben werden durch unterschiedliche Reize aus diesen drei Farben gemischt. Licht beeinflusst Farbe, ohne das Licht kann der Mensch keine Farbe sehen. Farbe wirkt bei Tageslicht anders als im Kunstlicht. Einzelne Kunstlichtquellen besitzen auch Lichtfarben, diese vermischen sich in unserem Auge mit den Farben des Gegenstandes. So kann der Mensch beim Betrachten eines Materials bei Tageslicht eine andere Farbe wahrnehmen als im Kunstlicht. Farbe beeinflusst ebenfalls unser Wohlbefinden. In einer schwedischen Studie wurden Versuchspersonen dauerhaft weißen und grauen Räumen ausgesetzt. Sie reagierten mit Unruhe und erhöhten Blutdruckwerten auf die Situation. Weil die Rezeptoren überfordert sind, signalisieren sie Angst und Bedrohung. Auf ein sehr farbiges Umfeld reagierten die Probanden anfangs ähnlich wie auf die weißgrauen Räume, doch mit der Zeit nahm die Nervosität in den farbigen Räumen ab.[24] Farben unterscheiden sich in ihrem Farbton (Rot, Grün, Blau etc.), in ihrer Sättigung (die

---

22 Rodeck, B., Meerwein, G. & Mahnke, F., Mensch – Farbe – Raum, Leinfelden Echterdingen 1998, S. 16.

23 Klinger, J., Farbe und Licht, München 2007, S. 7.

24 Vgl. Bierschenk, Burkhard P., Hauswirtschaft in der Altenhilfe, München 2006, S. 174ff.

Reinheit der Farbe) und in ihrer Helligkeit und Dunkelheit. Farben werden auch Charaktereigenschaften und Emotionen zugeordnet, wie die folgende Tabelle darstellt.

sandig, leicht	wärmend, weitend	leicht, schließend
nicht tragend, motorisch erregend	erregend bis irritierend	leuchtend
tragend, erdig, trittsicher	bedrückend, einengend	lastend
pudrig, leicht, weich	wärmend, anregend	leicht, schließend
erregend bis irritierend, aufreizend, grell	leuchtend, wärmend bis hitzig, aggressiv	aufregend, irritierend
tragend, trittsicher, vertraut	erdrückend, einengend	abschließend, drückend bis lastend
fremd, labil, lieblich	zart, parfümiert, blumig	drückend, warm
festlich, majestätisch	dominant	verschließend, lastend
edel, aufwertend, kostbar	bestimmend	bombastisch, eingreifend
grundlos, lieblich	duftig, blumig	zart, parfümiert
wertvoll, majestätisch	mystisch, künstlich	geheimnisvoll
luxuriös	magisch, geheimnisvoll	verschlossen
schwebend, eisig	kühl, zurückweichend, beruhigend	himmelartig, kühl bis luftig
zurückweichend, wässrig	kalt, fremd, distanziert	schwer, unräumlich
vertiefend, grundlos	beengend, distanziert	kühlend, lastend, mächtig
schwebend	weitend	neutral, schließend
natürlich, sicher	eingrenzend	schließend, drückend
trittsicher, fest	bestimmend	bedruckend
grundlos, *fremd*, leer	neutral, frei	offen, weit, leicht
vertiefend, abstrakt	einengend	drückend, lastend
trittsicher, neutral, fest	beengend, massiv	abdeckend, drückend

Farbtabelle: Meerwein, Rodeck, Mahnke, Farbe – Kommunikation im Raum, 4. überarb. Aufl., Basel, Boston, Berlin 2007, S. 69

3.4.1 Raum durch Farbe

Das Auge erkennt Farben anhand ihrer Merkmale wie Helligkeit, Farbrichtung (z. B. gelb, rot, blau) und Sättigungsgrad. „Farbe als Empfindung gehört nicht allein der Fläche an, sondern vor allem dem Raum."[25] Farbe entfaltet sich im Raum und kann aufgrund des Lichtes in Helligkeit und Dunkelheit unterschieden werden. Die Farbwirkung im Raum ist abhängig vom Licht, von der Raumlage im Gebäude sowie von der Oberfläche und der Farbe der Möbel im Raum. Warme Farben werden vom Betrachter näher wahrgenommen und kalte Farben scheinen weiter weg zu sein. Atmosphäre wird auch durch farbige Flächen und das Mengenverhältnis der Farbe geschaffen. Farben verstärken die räumliche Wirkung. Die warme Farbe kommt in den Vordergrund und die kalte Farbe tritt zurück. Farben beeinflussen die Wirkung von Raumproportionen wie weit, eng, hoch und niedrig. Dunkle Töne verkleinern den Raum und helle, leichte Töne erweitern ihn. Decken, die dunkler als die Wände sind, lassen den Raum niedrig wirken und helle Decken erweitern den Raum nach oben hin.

25 Rodeck, B., Meerwein, G. & Mahnke, F., Mensch – Farbe – Raum, Leinfelden Echterdingen 1998, S. 16.

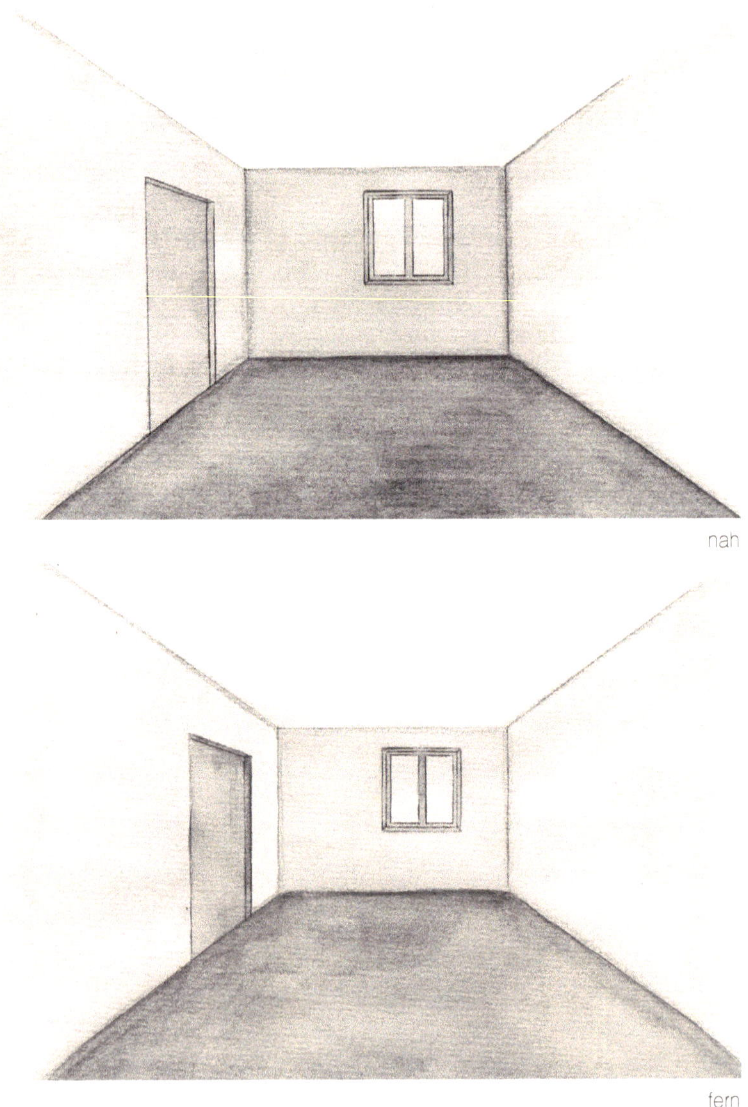

nah

fern

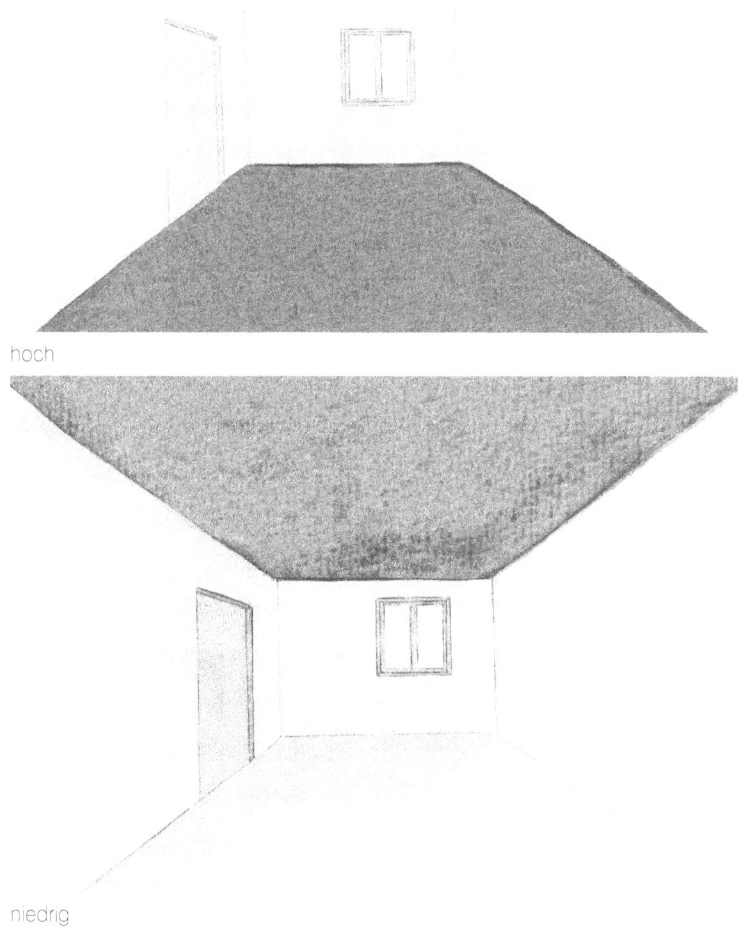
hoch
niedrig

3.4.2 Wandgestaltung

Das Auge kann mehrere einzelne Formen in Gruppen einordnen, dabei sind Größe, Richtung, Form, Farbe und Nähe der Formen zueinander relevant. Es ist wichtig zu überlegen, wie der Raum wirken soll. Anhand visueller Wandgestaltungen können Räume optisch erweitert werden und den Betrachter in der Raumwahrnehmung beeinflussen und täuschen. So kann ein sehr kleiner Raum mit Hilfe horizontaler oder vertikaler Linien größer wirken. Horizontale Linien lassen einen schmalen Raum optisch breiter wirken, weil sie Parallelen zur Decke und zum Boden sind. In dem unten dargestellten Raum dehnen die Linien im hinteren Raumbereich das Zimmer optisch in der Breite. Trotz der verschiedenen Farben der Linien wirken sie beruhigend und werden als Einheit wahrgenommen.

Horizontale Wandgestaltung am Raumbeispiel.

Vertikale Wandgestaltung am Raumbeispiel.

Eine vertikale Wandgestaltung lässt einen niedrigen Raum höher wirken. Hier sind die Linien Parallelen zur Wand und verbinden Boden und Decke. Sie wirken nach oben steigend. Im Raumbeispiel nimmt das Auge zuerst die kontrastreiche Wand wahr. Sie vermittelt im Raum Struktur. Der Raum wirkt nicht langweilig, sondern lebendig und trotz der unterschiedlichen Linienbreiten ruhig. Durch die Anordnung der Linien an den Wänden wird eine Raumzone geschaffen. Sessel, Fenster und Tisch wirken nicht als einzelne Objekte. Stattdessen sind sie Elemente der Raumzone und haben ihre feste Anordnung in dem Bereich. Der Besucher wird anhand der Raumgestaltung durch den Raum nach hinten geleitet. Mit Hilfe horizontaler und vertikaler Linien werden Raumatmosphären erzeugt.

3.4.3 Farbsättigung im Raum

Mit der Sättigung wird die Reinheit der Farbe beschrieben. Eine gesättigte Farbe ist sehr kräftig. Eine geringe Sättigung wird durch das Hinzumischen von Grau, Weiß oder der Komplementärfarbe des Farbtons erzeugt.

Ein gesättigtes Rot wirkt warm und prächtig, wie im Raumbeispiel zu erkennen ist.

Wird das Rot mit Weiß aufgehellt, wirkt der Raum offener und luftiger.

Wird das Rot mit Gelb gemischt und es entsteht Orange, wirkt der Raum insgesamt warm, sommerlich und einladend.

3.4.4 Kontraste

Kontraste sind in der räumlichen Differenzierung sehr wichtig und dienen der Orientierung im Raum. Dabei ist zu beachten, dass starke und schwache Kontraste das Auge anstrengen und mittlere Kontraste sehr angenehm wirken. Es gibt Kontraste durch unterschiedliche Farbtöne, durch unterschiedliche Sättigung und Hell-Dunkel-Kontraste. Es sollte gut überlegt sein, welcher Kontrast für die Raumatmosphäre wichtig ist. Welches Objekt soll sich von seiner Umgebung abheben? Eine gute Raumorientierung ist für Senioren äußerst relevant, dabei können Farbkontraste sehr hilfreich sein. Steckdosen und Lichtschalter können durch Kontraste besser wahrgenommen werden. Auch Bereiche im Raum können durch andere Farben besser erkannt werden. Farbwechsel im Raum sorgen für eine gute Übersicht und Raumgliederung. In der Abbildung sind Steckdosen und Lichtschalter vom Hintergrund optisch hervorgehoben.

Alte Leipziger Bauspar Magazin: Wohnen & Leben, 2009, Nr. 3, S. 11

3.4.5 Simultankontrast

„Wenn zwei Farbflächen aneinander stoßen, erscheint der Unterschied zwischen den beiden Farben meistens größer, als er ist. Das Auge steigert den Kontrast, um die Umrisse und damit die Form der Flächen zu verdeutlichen. Die Folge davon ist, dass eine Farbe in unterschiedlicher Umgebung verschieden aussehen kann. Diese Wirkung lässt sich nebeneinander und gleichzeitig darstellen[...]“[26]

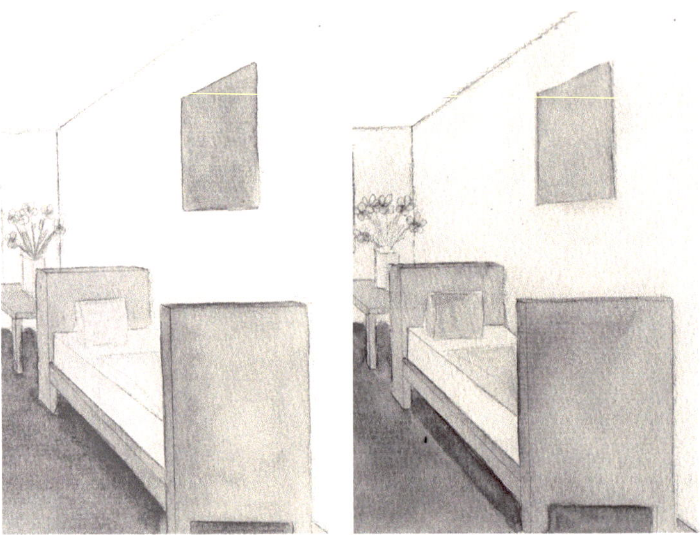

Simultankontrast im Raumbeispiel dargestellt.

Die Veränderung der Farbe entsteht durch Reflexion aus dem Umfeld. Ein heller Hintergrund rückt eine Farbe in den Vordergrund, während ein dunkler Hintergrund die Dominanz der Farbe zurücknimmt. In den beiden Raumbeispielen besitzen die Wandbilder das gleiche Grau. Im linken Bild rückt das Grau aufgrund des weißen Hintergrundes in den Vordergrund und wirkt viel dunkler als das Grau im rechten Bild.

26 Zwimpfer, 2d visuelle Wahrnehmung, Sulgen/Zürich 1994, Kapitel 3.0.

3.4.6 Farbwahrnehmung im Alter

Das Erkennen von ungesättigten Farben und Pastellfarben nimmt mit zunehmendem Alter ab. Veränderungen in der Farbwahrnehmung lassen sich auf eine Gelbfärbung der Linse zurückführen. Durch diese Gelbfärbung wird mehr Licht vom blauvioletten Teil des Farbspektrums absorbiert, so dass grün, blau und violett nicht mehr so gut unterschieden werden können. Auch die Wahrnehmung der Wellenlänge des Lichtes spielt eine Rolle. Licht mit kurzen Wellenlängen wie grün, blau und violett wird weniger erkannt als langwelliges Licht wie rot und gelb. In der Abbildung Spektrum sichtbares Licht in Kapitel 3.3 wird deutlich, welche Farben langwelliges bzw. kurzwelliges Licht besitzen. Das bedeutet, dass kräftigere Töne eingesetzt werden müssen, die Akzente schaffen. Ältere Menschen haben einen 3,5-mal stärkeren Bedarf an Farbkontrasten, um einen Gegenstand zu erkennen, als jüngere Menschen. In der Wohnung oder im Pflegeheim ist es ratsam, Ecken, die eine Verletzungsgefahr darstellen, durch Farben zu kennzeichnen. Dies ist auch empfehlenswert für abrupte riskante Übergänge, wie eine im Flur beginnende Kellertreppe oder andere gefährliche Bereiche.

Im Bild sind die einzelnen Treppenstufen deutlich erkennbar, da sie mit Hilfe von Kontrasten hervorgehoben werden

Eigentlich sollte es selbstverständlich sein, dass die Wohnungen von älteren Menschen barrierefrei sind und gefährliche

Unebenheiten beseitigt werden. Doch viele Senioren leben in alten Häusern und wollen oft keinen Umbau mehr oder er ist aus statischen und finanziellen Gründen nicht realisierbar. Die Nutzung von Farben bietet sich an, um eine gute Orientierung der Umwelt zu schaffen. In der eigenen Wohnung kann es hilfreich sein, Alltagsgegenstände schnell zu erkennen, z. B. einen weißen Teller auf einer dunklen Tischdecke.

3.5 Hören

Durch das Hören von Lauten entsteht die Sprache, das Ohr ist die Voraussetzung für die Sprachentwicklung und der Fernsinn. Es nimmt die Entfernung und Richtung von Reizen wahr, registriert sehr leise Töne und kann starken Schallwellen z.B. auf einem Rockkonzert widerstehen. Dadurch können wir uns im Raum orientieren. Wir lokalisieren in unserer Umwelt Ursachen und das Ohr vermittelt uns Informationen darüber. Schallwellen werden durch das Außen-, Mittel- und Innenohr in Impulse umgewandelt und zum Hörzentrum des Gehirns geleitet. Die wichtigsten Frequenzen für das Hören von 2500 bis 5000 Hertz werden im Außenohr wahrgenommen. Das menschliche Ohr erkennt Lautstärken von 10 bis 140 Dezibel.

3.5.1 Hören im Alter

Der Abbau der Hörfähigkeit ist die häufigste chronische Einschränkung im Alter. Durch Höreinbußen ist es für Senioren schwierig, eine lautstarke Unterhaltung mit anderen Menschen zu führen, da sie diese schlecht verstehen. So wie Hellen Kellers sagte: „Nicht sehen trennt von Dingen, nicht hören trennt von Menschen."[27] Auch die Orientierung in der Umwelt ist bedingt und birgt Gefahren in sich. Für ältere Menschen ist es kompliziert, eine Straße zu überqueren. Durch ihre Höreinschränkung können sie die Entfernung eines ankommenden Autos schlecht lokalisieren. Mit Hilfe von Hörgeräten lassen sich Hörminderungen verbessern, aber nicht komplett beheben.

3.5.2 Akustik im Raum

Bei der Planung für alte Menschen ist es wichtig, eine akustisch optimale Raumgestaltung zu gewährleisten. Visuelle Signale für Kommunikations- und Gefahrensysteme sollten berücksichtigt werden. Da die meisten älteren Menschen Schwierigkeiten haben, hohe Töne wahrzunehmen, ist es wichtig, Telefonanlagen und Türklingeln mit tiefen lauten Tönen zu installieren, damit die Bewohner die Geräusche hören können. Wände sollten ausreichenden Schallschutz bieten, so dass Geräusche (laute Musik oder lauter Fernseher) nicht in die Nachbarwohnung gelangen. In Pflegeheimen ist darauf zu achten, dass die Flure nicht hallen und Entspannungsecken oder Rückzugsorte frei von Störgeräuschen sind. Es sollten Orte für ruhige Gespräche vorhanden sein, ohne lästige Hintergrundgeräusche (keine Sitzecken in Fluren mit unruhigem Verkehr).[28] Einen großen Einfluss auf die Vermeidung von Störgeräuschen in der Innenarchitektur hat der Bodenbelag. Er kann Schall schlucken, z. B. Teppichboden (Schallabsorptionsgrad α = 0,15). Schallabsorbierende Decken verringern die Nachhallzeit und desto besser ist die Sprachverständlichkeit in einem Raum. Innerhalb der Wohn-

27 Tesch-Römer & Wahl, Seh- und Höreinbußen älterer Menschen, Darmstadt 1996, S. 6.

28 Vgl. Tesch-Römer & Wahl, Seh- und Höreinbußen älterer Menschen, Darmstadt 1996, S. 217.

bereiche sorgen Teppiche, Polstermöbel, Gardinen und auch schallabsorbierende Unterdecken (z. B. Holzfaserplatten) für eine raumakustische Optimierung.

Sitzbereich in einem Altenheim

3.6 Haptik

Mit einer Fläche von 2 qm ist die Haut das größte Sinnesorgan des Menschen. Der Tastsinn ermöglicht den unmittelbaren Kontakt mit der Umwelt. Anhand der haptischen Wahrnehmung (griech.: haptós „fühlbar", haptikós „zum Berühren geeignet") kann ein Mensch die Größe, die Konturen, die Oberflächenbeschaffenheit, das Gewicht, die Temperatur und die Stärke eines Objektes wahrnehmen. Der Tastsinn wird durch sensorische Rezeptoren in der Haut oder tiefere Gewebeschichten angeregt. Die Reizübertragung erfolgt über das Rückenmark und den Gehirnstamm und wird weiter ins Zentrum des Gehirns geleitet.[29]

3.6.1 Haptik im Alter

Im Alter wird der Tastsinn unempfindlicher, da die funktionierenden Tastkörperchen abnehmen. Bei starker Einschränkung der Sehfähigkeit kann die Haptik noch hilfreich sein. Die Leistungen des Tastsinns nehmen schon ab dem vierzigsten Lebensjahr ab. Da der Verlust sich langsam verändert, wird er kaum wahrgenommen. Durch die Einbußen der Feinmotorik ist es für ältere Menschen schwierig, z. B. den Schlüssel in das Türschloss zu stecken oder ein Telefon mit kleinen Tasten zu bedienen. Es gibt Telefone und Fernbedienungen, auf denen große Tasten mit großen Zahlen vorhanden sind.

29 Vgl. Dr. Smith, Der menschliche Körper, Augsburg 1997, S. 22.

Telefon mit großen Tasten

Grobe Materialien können ebenso hilfreich sein, da durch den Tastsinn die Struktur eines groben Stoffes ertastet werden kann. Auch grobe Holzmaserungen, Strukturtapete, Lehmputz etc. regen den Tastsinn an. Wenn die Umwelt schlecht visuell wahrgenommen werden kann, wird sie ertastet.

3.6.2 Haptische Wahrnehmung im Raum

Wir können einen Raum mit unseren Händen ertasten oder durch unsere Füße spüren. Dabei nehmen wir die Raumelemente wie Boden und Wand wahr.

Wir können fühlen, ob der Boden hart oder weich ist, kalt oder warm, rau oder glatt. Die gleichen Merkmale gelten auch für die Wände im Raum. Meistens nehmen wir jedoch die Materialien, mit denen die Raumbestandteile verkleidet sind, wahr und nicht die Elemente selbst. Es sei denn, wir befinden uns in einem Rohbau. Die Wahrnehmung der Materialien erkläre ich in Kapitel 3.8 genauer.

3.7 Geschmack und Geruch

Durch das Schmecken kann der Mensch die Nahrung genießen und ähnliche Nahrungsmittel voneinander unterscheiden. Geruchs- und Geschmackssinn unterstützen sich gegenseitig. Wenn z. B. durch eine Erkältung die Nase „zu" ist, schmecken auch Lebensmittel fade. Die Geschmacksknospen sind im Mund auf der Zunge verteilt, sie reagieren unterschiedlich auf süß, sauer, bitter und salzig. Auf der Zungenspitze befinden sich die Geschmacksrichtungen süß und salzig, an den Seiten der Zunge schmeckt der Mensch sauer und auf dem Zungenrücken bitter. Jede Substanz, die der Mund aufnimmt, wird durch den Speichel zersetzt. Gleichzeitig reagieren die Geschmacksknospen auf der Zunge und reizen die Geschmackszellen. Der Geruchssinn des Menschen ist weiter entwickelt als der Geschmackssinn, der Mensch kann mehr als 10 000 Gerüche voneinander unterscheiden. Der Geruch warnt vor Gefahren wie Rauch, giftige Gase oder verdorbenes Essen. Düfte lösen Emotionen aus, oft sind Erinnerungen mit bestimmten Gerüchen verbunden. Ein angenehmer Duft kann appetitanregend sein. Geruchsmoleküle gelangen über die Luft in die Nase und werden durch den Nasenschleim aufgelöst. Dadurch entsteht ein Impuls, der an das Gehirn weitergeleitet wird.[30]

30 Vgl. Dr. Smith, Der menschliche Körper, Augsburg 1997, S. 86.

3.7.1 Geschmackssinn im Alter

Mit dem Alter nimmt die Leistungsfähigkeit des Geschmackssinnes ab. Die Geschmacksknospen auf der Zunge bilden sich zurück, sodass sauer und bitter kaum wahrgenommen werden. Lediglich der Geschmackssinn für Süßes bleibt erhalten. Auch der verringerte Speichelfluss und die trockenen Nasenschleimhäute, die mit zunehmendem Alter auftauchen, lassen feine Aromen bedingt schmecken. Medikamente haben ebenfalls einen großen Einfluss auf den Geschmackssinn. Diese Faktoren beeinflussen den Appetit und sind der Grund für eine falsche Ernährung im Alter. Senioren entwickeln eine Vorliebe für Kuchen und Süßigkeiten. Damit ältere Menschen wieder Freude am Essen haben, empfehlen Mediziner, Speisen mit Geschmacksverstärkern, natürlichen Kräutern und Gewürzen schmackhafter zu servieren. Es sollte auch an den schönen Spruch, „Das Auge isst mit.", gedacht werden. Das Ergebnis einer amerikanischen Studie war, dass Senioren im Gegensatz zu jüngeren Menschen stark auf gefärbte Getränke reagieren. Dies ist hilfreich für die tägliche Mahlzeit. So können dunkle Trauben, rote Kirschen, Erdbeeren, Tomaten usw. den Appetit wieder anregen.[31]

3.7.2 Geruchssinn im Alter

Auch der Geruchssinn bildet sich im Alter zurück. Ab dem 65. Lebensjahr können sich die Riechzellen nicht mehr regenerieren. Die Einschränkung des Geruchs birgt Gefahren in sich, denn so können verdorbene Nahrungsmittel oder Rauch nicht wahrgenommen werden. Es muss darauf geachtet werden, dass beim Kochen stets der Herd im Blickwinkel bleibt und bei Lebensmitteln ist das Haltbarkeitsdatum sehr wichtig. Rauchmelder in der Wohnung von alten Menschen sind

31 Vgl. http://www.bkk.de/bkk/common/download/infomaterial/schmecken_geschmacksverlust.pdf.

daher ein Muss. Bei der Körperhygiene und beim Putzen kann ein genauer Zeitplan helfen, damit keine unangenehmen Gerüche entstehen. Mit dem Verlust des Geruchs bildet sich auch der Geschmack zurück. In der Wohnung ist es wichtig, dass Geruchs- und Geschmackssinn angeregt werden und stark duftende Blumen und frische Kräuter zur Wohnungseinrichtung gehören.[32]

3.8 Wahrnehmung der Materialität

Jedes Material hat seine eigene Farbe, Oberflächenbeschaffenheit, Stärke, Form und Größe. Der Mensch nimmt Material mit allen Sinnen wahr, jeder Stoff hat seinen eigenen Geruch und Geschmack, sein eigenes Aussehen, seine eigene Akustik und seine eigene Textur. „Material beeinflusst Geschmack, Duft, Akustik und die Erinnerung an Früh-Gefühltes, Begriffenes und die damit ausgelösten Assoziationen."[33] Materialien unterscheiden sich in ihrer Struktur, Textur und Faktur. Die Struktur ist die Aufbauart des Elements, z. B. die Zellstruktur im Holz. Mit der Textur ist die organische Oberfläche gemeint, wie die Gewebestruktur eines textilen Stoffes. Die Bearbeitung eines Materials wird mit der Faktur beschrieben. Holz kann beispielsweise gehobelt, gesägt oder geschliffen sein. Auch das Licht ist wichtig für das Material. Unebenheit, Struktur, Plastizität und Farbe werden durch Licht erst wahrgenommen. Material kann bei unterschiedlichen Lichtfarben vielfältig farblich wirken. Aber auch eben, rau, glatt, hart, weich, kalt oder warm sein. Die Funktion eines Raumes ist wichtig für die Wahl des Materials. Wird der Raum beruflich oder privat genutzt oder ist es ein öffentli-

32 Vgl. Jasper, B., Lehrbuch Altenpflege – Gerontologie, Hannover 2002, S. 267.

33 Meerwein, Rodeck, Mahnke, Farbe – Kommunikation im Raum, 4. überarb. Aufl., Berlin 2007, S. 55.

cher Raum? Dient er z. B. als Arbeits-, Speise-, Medizin- oder Schlafraum? Es wäre keine gute Wahl, einen OP-Saal mit Teppich zu verlegen, denn die hygienische Sauberkeit und Desinfektion, die dieser Raum unbedingt erfüllen muss, wäre durch dieses Material nicht gegeben. Ein Teppichboden saugt Flüssigkeiten auf und ist aufwendig zu reinigen. Es wäre unzumutbar für die Reinigungskräfte und die Krankenhausorganisation, nach jeder Operation den Teppich gründlich zu reinigen. In solch einem Raum sind ebene, feste und flüssigkeitsundurchlässige Materialien für den Boden geeignet, die sich leicht und schnell reinigen lassen. Ein anderes Beispiel ist, in einem Tanzlokal die Tanzfläche mit Teppich zu verlegen, das Material würde das Tanzvergnügen durch seine Rutschfestigkeit erheblich einschränken. Für Menschen, die in ihrem Sehen beeinträchtigt sind, sollten keine großgemusterten Bodenbeläge gewählt werden, da schnell die Orientierung verloren gehen kann und Unsicherheit und Angst ausgelöst wird. Um Rutschgefahr zu vermeiden, sollten die Fußböden nicht glänzen oder poliert sein. Damit in Kliniken und Altenheimen eine Wohlfühlatmosphäre entsteht, hat die Industrie spezielle Teppichböden für stationäre Einrichtungen entwickelt. Diese Textilböden erfüllen die Hygieneanforderungen. Sie sind sehr strapazierfähig, dämmen den Trittschall und sorgen daher für eine angenehme Geräuschreduzierung im Raum. Die Teppichböden saugen wenig Flüssigkeit auf und sind für Rollstuhlfahrer und das Bewegen der Pflegebetten leicht zu überqueren, da die Fasern sehr dicht und kurz sind. Die Rückbeschichtung des Bodenbelags ist flüssigkeitsundurchlässig und daher ist der Teppich einfach zu reinigen. Die Staubbindungskraft ist sehr hoch und die Böden sind für Allergiker gut geeignet. Sie schonen die Gelenke, weil sie tritt elastisch sind. Die Verletzungsgefahr bei Stürzen ist gering, da der Boden weich ist. Die Teppichböden für den Gesundheitsbereich gibt es in warmen Tönen und Naturfarben. Die Böden können auch zu Hause eingesetzt werden. Auch

Linoleum lässt sich sehr gut im Gesundheitsbereich und zu Hause verwenden. Linoleum besteht vorwiegend aus nachwachsenden Rohstoffen, ist sehr pflegeleicht, einfach zu reinigen und strapazierfähig. Durch seine gleichmäßige, flache Oberfläche ist er für Rollstuhlfahrer, Rollwagen und Pflegebetten gut geeignet. Linoleum lädt sich nicht elektrostatisch auf und ist auch im Nassbereich einsetzbar. Nicht nur Bodenbeläge, sondern auch Arbeitsplatten und Tischplatten können mit Linoleum bespannt werden. Das am vielseitigsten einsetzbare Material ist Holz. Dieser Rohstoff ist nachhaltig und natürlich. Wird die Oberfläche ökologisch behandelt oder das Material roh eingesetzt, ist es ebenfalls für Allergiker geeignet. Wird Holz im Wohnbereich für ältere Menschen verwendet, ist darauf zu achten, dass Massivholzböden nicht zu glatt geschliffen werden. Holzdielen sind rau und bieten keine Rutschgefahr. Holzfußböden sind warm, haben eine hohe Festigkeit, eine lange Lebensdauer und eine natürliche Farbe. Holz ist vielseitig im Wohnbereich einsetzbar. Auch Wand-, Deckenverkleidungen und Möbel werden aus dem Material hergestellt. Holz ist jedoch sehr pflegeintensiv und hat einen hohen Trittschall. Nicht alle Holzarten lassen sich in jedem Bereich einsetzen. Die Oberfläche muss behandelt werden, damit keine Feuchtigkeit in das Material einzieht. Sonst verformt sich der Rohstoff. Daher wird Holz nicht im Gesundheitsbereich und Nassbereich verwendet. Eine neue Behandlung dieses nachhaltigen Naturproduktes macht allerdings den Einsatz möglich. Holz aus europäischen Wäldern wird auf 150–220°C erhitzt. Diese thermische Behandlung führt zu einem Ab- und Umbau der Holzsubstanz. Der pH-Wert verändert sich und das Holz wird „karamellisiert". Deutlich wird dieser Vorgang durch die Farbveränderung, das Holz wird dunkler. Durch diese Behandlung verdichten sich die Zellstrukturen und das Holz nimmt nur noch sehr wenig Feuchtigkeit auf. Man spricht von Thermoholz. Es ist sowohl im Außenbereich als auch im Nassbereich wie z. B. im

Badezimmer einsetzbar. Mit der Zeit ergraut die Oberfläche trotz der Erhitzung, daher müssen die Oberflächen ständig behandelt und gepflegt werden. Thermoholz ist die ökologische Alternative zu Tropenholz.[34] Wichtig ist bei der Materialwahl für ältere Menschen, dass vorwiegend ökologische Materialien eingesetzt werden, damit die Verträglichkeit garantiert ist und gesundheitliche Folgen vermieden werden.

3.9 Wahrnehmung von Formen

Das Auge erkennt Formen nicht, wenn sie sich nicht von der Umgebung abheben, sich die Form zu schnell bewegt oder wenn die Form zu klein ist wie z. B. Raster oder Texturen. Waagerechte und senkrechte Formen werden unterschiedlich wahrgenommen und einfache und regelmäßige Formen eindeutiger erkannt. Das Auge reagiert mit erhöhter Empfindlichkeit bei bestimmten Formeigenschaften. Bekannte klare Formen erzeugen Ruhe und Zufriedenheit beim Betrachter. Sie geben ein Gefühl von Ordnung und Harmonie. Kreis, Quadrat, Dreieck, Rechteck, Würfel, Kugel, Tetraeder, Oktaeder und Ikosaeder sind platonische Baukörper, die als Grundelemente in der Baukunst eingesetzt werden. Harmonie entsteht, wenn Flächen und Kanten ins Verhältnis gesetzt werden.[35]

34 http://www.khries.de/thermoholz.html.

35 Vgl. Monz & Monz, Design als Therapie, Alexander Koch Verlag, Leinfelden-Echterdingen 2001, S. 50.

4 Wohnen

Der Begriff kommt aus dem Althochdeutschen wonên und bedeutet: zufrieden sein, bleiben. Wohnen ist die Art, wie ein Mensch in seinem Haus oder seiner Wohnung lebt. Für Otto Friedrich Bollnow ist wohnen „[...] an eine bestimmte Stelle hingehören, in ihr verwurzelt und zu Hause sein. Die Räumlichkeit des Menschen im Ganzen [...]"[36] In diesem Kapitel werde ich die Funktion des Wohnens erläutern und die heutigen Wohnformen im Alter. Während es in den 80er Jahren vorwiegend Seniorenheime in Deutschland gab, haben sich im Laufe der letzten 30 Jahre alternative Wohnformen für ältere Menschen entwickelt.

4.1 Raum in der Architektur

Es gibt viele Wissenschaften, die den Raum betrachten. Die Mathematik, die Physik und die Philosophie beschäftigen sich ebenso mit dem Raum wie die Architektur. Ich betrachte den architektonischen Raum, da sich meine Arbeit auf das Wohnen im Alter konzentriert. Wenn man sich in einem Raum befindet, denkt man sofort an ein Zimmer. Der architektonische Raum ist ein Hohlraum, er ist von außen begrenzt

36 Bollnow, Otto Friedrich, Mensch und Raum 10. Aufl., Stuttgart 2004, S. 277.

und von innen mit Wand, Decke, Boden und Möbeln gefüllt. Der Mensch lebt in und mit dem Raum. In der Architektur wird ein Raum durch vertikale und horizontale Elemente definiert. Bauteile wie Mauern, Stützen, Scheiben, Decken oder Fassaden umschließen einen Raum.[37]

4.2 Raumwahrnehmung

Raum kann durch unterschiedliche Komponenten wahrgenommen werden. Lineare Elemente dienen oft der Statik im Raum, wir nehmen sie als Stützen, Balken oder Pfeiler wahr. Flächen wie Wände, Decken, Böden, Podeste etc. bilden einen Raum. Formen geben dem Raum Merkmale und differenzieren ihn in seiner Größe, Farbe, Textur und anhand seiner Materialien. Boden-, Wand- und Deckenflächen sind wichtige Aspekte im Raum. „Einen festen Boden unter den Füßen haben", so lautet ein Sprichwort. Der Boden gibt uns Sicherheit und Festigkeit. Wenn wir barfuß über ihn laufen, fühlen wir seine Oberfläche, Temperatur und Härte. Ein Raum ist umgeben von Wänden, sie umschließen und begrenzen ihn. Struktur, Material, Farbe, Wandgröße, Verteilung oder Öffnungen der Wände sind wichtige Besonderheiten, die einen Raum deutlich definieren. Anhand dieser Merkmale kann ein kleiner Raum groß wirken und ein großer Raum unterteilt werden. Um den Blick auf Wände zu lenken, können sie besonders betont werden. Raumgrenzen können auch transparent sein oder im Hintergrund stehen. Wir können Wände mit Hilfe ihrer Oberfläche, Härte, Temperatur und Farbe wahrnehmen. Räume werden nach oben hin durch Decken begrenzt. Sie schließen den Raum über uns und bieten Schutz. Sie sind das „Dach" über unserem Kopf. Eine zu niedrige oder dunkle Decke wirkt bedrückend oder wie man sagt: „Mir fällt die Decke auf den Kopf." Hohe und helle Decken drücken dage-

37 Vgl. http://de.wikipedia.org/wiki/Raum_(Architektur).

gen Weite und Offenheit aus. Wir können Decken nur visuell wahrnehmen und nicht taktil, da sie meistens höher sind als wir. Im Kapitel 3.4.1 „Raum durch Farbe" habe ich bereits dieses Thema anhand eines Raumbeispiels dargestellt.[38]

4.3 Funktion des Wohnens im Alter

Der eigene Wohnraum gibt Sicherheit, Geborgenheit und Vertrautheit. Er spendet Ruhe und Erholung oder wird zum Treffpunkt für Freunde und Verwandte. Die Wohnungsgestaltung repräsentiert die Persönlichkeit. Der eigene Geschmack, die Kreativität und die individuellen Bedürfnisse können zum Ausdruck gebracht werden. Auch der soziale Status eines Menschen ist anhand seiner Wohnung zu erkennen. So richten sich Menschen, die gut verdienen, luxuriöser ein als Studenten oder Menschen, die wenig Einkommen haben. Genauso kann festgestellt werden, ob jemand allein, zu zweit oder mit seiner Familie lebt. Der eigene Wohnraum bietet Platz für alltägliche Aktivitäten wie kochen, waschen, schlafen und die Erziehung der Kinder. Auch die Freizeit kann in einer Wohnung gestaltet werden. Anna Maria Hirsch beschreibt den sozialen Status der Wohnung: „Irgendwo zu Hause sein bedeutet nicht nur, eine Wohnung zu besitzen, sondern von einem Netz von Beziehungen eingesponnen und getragen zu sein, von Beziehungen zu Nachbarn und Bekannten, Handwerkern und Ärzten, Einkaufsmöglichkeiten, Kirche, Theater und vielem anderen mehr. Der innere Halt, den ein solch vertrauter Lebensraum zu geben vermag, gewinnt an Bedeutung, je mehr man sich durch die altersbedingten Veränderungen verunsichert fühlt."[39] Mit dem Alter

38 Vgl. Meerwein, Rodeck, Mahnke, Farbe – Kommunikation im Raum, 4. Aufl. Berlin 2007, S. 55ff.

39 Hirsch, A.M., Psychologie für Altenpfleger, Band 1: Probleme des Alterns, 2. Aufl., München 2001, S. 125.

wird das Wohnen immer wichtiger. Während man als junger Mensch oder Berufstätiger wenig zu Hause ist, verbringen Senioren mindestens zwei Drittel des Tages in ihrer Wohnung. Wenn die Mobilität ganz eingeschränkt ist, sind einige ältere Menschen auch 24 Stunden zu Hause. Der Übergang in den Altersruhestand und körperliche Einschränkungen im Alter sind die wichtigsten Ursachen, dass Senioren den Kontakt zu anderen Personen verlieren. „Die Wohnung wird immer mehr zum Lebensmittelpunkt oder mit der Zeit gar zum einzigen Lebensraum."[40] Daher ist es wichtig, den Lebensraum für Senioren so zu gestalten, dass sie sich selbstständig, so lange es körperlich möglich ist, in ihrer Wohnung und in ihrem sozialen Umfeld zurechtfinden und leben können. Auf dem Land und in Stadtrandgebieten ist oft festzustellen, dass Einkaufsmöglichkeiten oder Ärzte nur mobil zu erreichen sind. Jedoch verfügt bei den heutigen Senioren nicht jeder über einen Führerschein oder über die Fähigkeit, Auto zu fahren. In dieser Situation ist es schwierig, selbstständig Dinge des alltäglichen Lebens zu besorgen. Die Senioren sind auf Hilfe von Fremden oder Familienangehörigen angewiesen, was sie oft selbst als lästig empfinden. Und so ziehen sie sich immer mehr von ihrer Außenwelt zurück. Menschen, die in der Stadt leben, haben oft eine gute Infrastruktur in ihrer näheren Umgebung und können weitestgehend, solange sie körperlich dazu in der Lage sind, auf fremde Hilfe verzichten. Unsere Wohnbedürfnisse differenzieren sich aufgrund unserer Lebensabschnitte, daher verändert sich unser Wohnumfeld während der Kindheit, Jugend, Berufstätigkeit, Familiengründung und Rente. Die Wohnung sollte dem jeweiligen Lebensabschnitt angepasst werden. Doch die Möglichkeiten sind begrenzt. Es ist unkomplizierter, die Wohnung zu wechseln, als das vorhandene Umfeld den in-

40 Jasper, Bettina M., Lehrbuch Altenpflege – Gerontologie, Hannover 2002, S. 194.

dividuellen Bedürfnissen anzupassen.[41] Die meisten Menschen wünschen sich für das Alter viel Selbstverantwortung und Unabhängigkeit und so lange es möglich ist, in der eigenen Wohnung leben zu können. Leider ist es nicht immer realisierbar und so entstehen heute neue Wohnformen, die auf die Bedürfnisse und Wünsche älterer Menschen eingehen.

4.4 Zu Hause wohnen

Was ist zu Hause? Im Duden wird erklärt, „[…] Wohnung, in der jmd. zu Hause ist [und sich wohl fühlt]."[42] Das eigene Zuhause ist für viele Menschen ein Teil ihrer Lebensgeschichte. Es gewinnt im Alter zunehmend an Bedeutung. Hier wohnten/wohnen sie mit ihrem Lebenspartner, zogen ihre Kinder groß, können die Wohnung nach ihren persönlichen Wünschen gestalten. Viele Erinnerungen verbinden sie mit bestimmten Einrichtungsgegenständen. Oft ist die eigene Wohnung Eigentum. Diese vertraute Umgebung gibt Schutz und Geborgenheit. Die eigene Wohnung gewährt das eigene soziale Netzwerk wie Nachbarn, Freunde, Familie und Bekannte in unmittelbarer Nähe. Vielen Menschen fällt es schwer, ihre vertraute Umgebung verlassen zu müssen. Ein großer Teil der heutigen Senioren wohnt in „gewöhnlichen" Wohnungen. Daher ist es wichtig, die eigene Wohnung den altersbedingten Bedürfnissen anzupassen (siehe Kapitel 6), damit die alltäglichen Tätigkeiten vorwiegend selbstständig ausgeführt werden können. Eine altersgerechte Wohnungsanpassung sorgt für Sicherheit, Bequemlichkeit, Lebensqualität und erleichtert die ambulante Pflege der Bewohner. Barrierefreiheit sollte weitestgehend realisiert werden. Doch im Bestand ist es schwierig, Stufen, Schwellen und Treppen durch Rampen zu ersetzen oder ganz auf sie zu verzichten. Im nächsten

41 Vgl. Krebs, Jan, Basics Entwerfen und Wohnen, Basel 2007, S. 9.

42 http://www.duden.de/definition/zuhause.

Kapitel erkläre ich den Begriff Barrierefreiheit genauer und welche Maßnahmen hilfreich für die Realisierung sind. Auch die Trennung von Möbelstücken ist oft notwendig, um Platz für einen benötigten Rollstuhl oder ein Pflegebett zu schaffen. Das individuelle Wohnen muss an dieser Stelle genauer definiert werden. Lebt der Bewohner mit seinem Partner in den eigenen vier Wänden oder allein, ist der Partner schon verstorben, wohnen die Kinder mit im Haus. Falls ein Ehepaar noch gemeinsam in der Wohnung lebt, ist es hilfreich, Aufgaben, die noch weitestgehend ohne Hilfe von außerhalb erledigt werden können, unter dem Paar aufzuteilen. Auch die eigene Sicherheit ist gewährleistet, weil immer jemand da ist, der einem helfen oder den Notruf holen kann. So ist es auch, wenn die eigenen Kinder mit im Haus leben oder in unmittelbarer Nachbarschaft. Einkäufe und Arzttermine können leichter geregelt werden, falls es die Zeit der Kinder zulässt. Die Gewissheit, es ist jemand da, der helfen kann, dient häufig schon zur Beruhigung. Schwieriger ist das Wohnen ganz allein, weil der Ehepartner oder Lebenspartner verstorben ist, die eigenen Kinder weit weg sind oder es keine Kinder gibt. Bei dieser Wohnform muss die Unterstützung im Bedarfsfall selbst organisiert werden, z. B durch Essen auf Rädern, einen Hausnotruf, eine Haushaltshilfe, Nachbarschaftshilfe und ambulante Pflege. Jedoch ist eine professionelle ambulante Pflege sehr teuer, so dass sie sich nicht jeder leisten kann. Genauso muss das Wohnen im Haus und in der Wohnung unterschieden werden. Ein Haus ist viel größer und bietet mehr Platz. Falls im Haus keine Wohnungen vermietet werden, wohnt man mit seiner Familie allein und muss sich nicht über direkte Nachbarn ärgern. Aufgrund der Größe sind die Wege zu den einzelnen Räumen länger und die Pflege des Hauses kann im Alter schwierig werden, während eine Wohnung weniger Platz bietet und fremde unerwünschte Nachbarn nebenan wohnen. In Bestandsgebäuden ist die Bauakustik nicht sehr gut, daher hört man oft die Nachbarn, die nebenan oder in der Wohnung darüber wohnen. Dennoch ist eine Wohnung pflegeleichter, da weniger Wohnraum sauber gehalten werden muss und Instandhaltungen wie Dach oder Fassade sind Sache des Vermieters bzw. bei Eigentum der Hausgemeinschaft. Folglich sind die Kosten einer Wohnung geringer als die eines Hauses.

4.5 Betreutes Wohnen

Betreutes Wohnen ist ein Wohnkonzept aus den 90er Jahren. Hier soll die „[…] Lücke zwischen Eigenständigkeit ohne Sicherheit und Sicherheit ohne Eigenständigkeit geschlossen werden […]"[43] Senioren wohnen in ihrer eigenen Wohnung, innerhalb einer Wohnanlage mit meistens 60–80 altersgerechten, barrierefreien Wohnungen. Ambulante, qualifizierte Hilfe wird als Dienstleistung angeboten und kann auf Nachfrage bestellt werden. Das Angebot reicht von hauswirtschaftlichen Diensten (Wohnungsreinigung, Wäsche waschen), Pflegeleistungen (Krankenpflege, Essensdienst) bis hin zu Freizeitaktivitäten (spazieren gehen, Theaterbesuch etc.). Es wird eine Grundpauschale berechnet zuzüglich der in Anspruch genommenen Wahlleistungen. Betreutes Wohnen ist eine Alternative zum klassischen Pflegewohnheim, da viele Senioren individuelles Alleinwohnen bevorzugen. Es ist äußerst wichtig, dass die Wohnung eine gute Infrastruktur hat, denn die Teilhabe am öffentlichen Leben muss im Alter gefördert werden, damit sich die Senioren nicht isolieren und vereinsamen. Der Bewohner ist der Mieter der Wohnung und zusätzlich zum Mietvertrag kann ein Betreuungsvertrag abgeschlossen werden. Dieser Betreuungsvertrag ist für Senioren geeignet, die nicht schwer pflegebedürftig sind und Unterstützung im Haushalt oder beim Einkaufen benötigen. Selb-

43 Jasper, Bettina M., Lehrbuch Altenpflege – Gerontologie, Hannover 2002, S. 199.

ständig zu sein und die freie Wahl der Wohnung zu haben, ist ein menschliches Grundbedürfnis. Das oberste Ziel ist es, den Bewohnern so wenig Verantwortung wie nötig abzunehmen, um die eigenständige Lebensgestaltung zu erhalten und weiter zu fördern.

4.6 Betreute Wohngruppe

Die Betreute Wohngruppe ist eine neue Wohnform. Hier werden die Fähigkeiten der einzelnen Personen erhalten und in einer Gruppe integriert. Wohn-Pflege-Gemeinschaften sind in ihrer Größe überschaubar. Ich habe während meiner Recherchen zwei Betreute Wohngruppen besucht. Beide hatten eine Größe zwischen 160–180 qm und es lebten dort jeweils sechs Senioren. Es wurde Wert auf Alltagskultur, Privatsphäre und Gemeinschaft gelegt. Jeder Bewohner hat einen eigenen Mietvertrag und eigene Möbel. Platz für Individualität und soziale Nähe sind wichtige Merkmale für betreute Wohngemeinschaften. Es gibt keinen Träger oder Betreiber für diese Wohnform. Die Angehörigen oder gesetzlichen Betreuer entscheiden über den Wohnort und die Betreuung. Der ambulante Pflegedienst wird selbst gewählt.

Für wen bietet sich diese Wohnform an? Bewohner, die allein nicht mehr zurechtkommen, können mit anderen Senioren in einem gemeinsamen Haushalt leben. Da es eine private Wohnform ist, müssen die Bewohner gut zueinander passen, die Aufgaben werden genau verteilt und man unterstützt sich gegenseitig. Die Bewohner leben miteinander in einem engen sozialen Beziehungsnetz, oft befinden sich die Wohnungen in der Nähe der bisherigen vertrauten Umgebung, sodass vorhandene soziale Beziehungen erhalten bleiben können. Serviceangebote können wie beim Betreuten Wohnen in Anspruch genommen werden.

Wohnzimmer einer betreuten Wohngemeinschaft

Der Wohnraum sollte als Großwohnung geplant werden mit ausreichend Platz für Privatsphäre und Rückzug. Dennoch dürfen Gruppenräume, wie eine Gemeinschaftsküche und ein Wohnzimmer nicht fehlen. Sie ermöglichen den Austausch in der Gruppe und bieten Platz für gemeinsame Aktivitäten wie Essen oder Freizeitbeschäftigung. Als Richtwert sind 30 qm pro Person (privater Raum und anteilige Gemeinschaftsfläche) zu beachten. Die Individualräume sollten nicht kleiner als 12 qm sein und mit eigenen Möbeln eingerichtet werden. Platz für ein (Pflege-)Bett, einen Kleiderschrank und Sitzgelegenheiten müssen vorhanden sein, um die Intimsphäre zu gewährleisten. Jeder Bewohner sollte ein eigenes Bad neben seinem Zimmer haben, doch im Bestand ist dies aufgrund des geringen Platzes meist nicht realisierbar. Ein zusätzliches Pflegebad mit Wanne steigert die Lebensqualität der Bewohner. DIN-gerechte Bewegungsflächen für Menschen mit Rollstühlen müssen im Neubau vorhanden sein und im Bestand da, wo es möglich ist. Die Barrierefreiheit sowie Treppenlifte oder Aufzüge dürfen nicht fehlen, damit die Bewohner ohne fremde Hilfe andere Etagen erreichen können oder selbstständig im Haus ein- und ausgehen können. Wohnen und Pflege werden gleich gewertet, daher stehen technische Pflegevorrichtungen im Hintergrund oder sind in das Design integriert.[44]

4.7 Mehrgenerationen Wohnen

Beim Mehrgenerationen Wohnen, auch „Jung und Alt" genannt, wohnen mehrere Generationen in einer Wohnanlage zusammen. Vor weniger als 100 Jahren war es vor allem auf dem Land vollkommen normal, dass mehrere Generationen unter einem Dach wohnten und wirtschafteten. Alle Familienmitglieder waren fest in den Arbeitsalltag integriert und jeder hatte seine Aufgabe. Wer konnte, packte auf dem Feld mit an, die Großeltern übernahmen oft die Betreuung der kleineren Enkelkinder. Dieses Wohn- und Lebenskonzept brachte ein großes Gefühl von Sicherheit und Geborgenheit mit sich. Vor allem ältere Menschen genießen das Mehrgenerationen Wohnen. Sie erhalten mehr Selbstbewusstsein, wenn sie feststellen, dass andere Menschen von ihren Lebenserfahrungen profitieren. Es ist nicht selten der Fall, dass Wahlverwandtschaften entstehen. Da sucht sich eben ein Mädchen selbst seine Omi aus oder der Nachbar wird zum Vaterersatz für den Sohn einer alleinerziehenden Mutter. Jung und Alt leben unter einem Dach oder in Mehrfamilienhäusern

44 Vgl. www.kompetenznetzwerk-wohnen.de/sub/de/wissenspool/16neuewohnformen/index.php.

auf einem Gelände, wobei jede Partei in ihrer eigenen Wohnung lebt. Wichtig ist bei diesem Wohnkonzept eine klare, faire und ausgeglichene Aufgabenverteilung, wo niemand benachteiligt wird. Gegenseitige Nachbarschaftshilfe wird gezielt gefördert.

4.8 Wohn- und Hausgemeinschaften

Mehrere Senioren ziehen gemeinsam in eine große Wohnung oder ein Haus. Die Gemeinschaft bildet sich nicht zufällig, die Bewohner kennen sich untereinander oder neue Bewohner werden gemeinsam ausgewählt. Es ist eine alternative Wohnform für mobile, aktive und aufgeschlossene ältere Menschen. Entweder verfügt jeder Bewohner über ein Einzelzimmer und die Gemeinschaftsräume wie Küche, Bad, Wohn- und Esszimmer werden geteilt oder jeder hat seine individuelle Wohnung in einem Haus. Die Bewohner der Wohn- und Hausgemeinschaften werden ambulant betreut oder sie leben vollkommen selbstständig miteinander.[45]

4.9 Das Altenheim

Ein Altenheim ist eine Einrichtung, die die Betreuung und Pflege von Senioren gewährleistet. Oft ist eine Pflegebedürftigkeit der Grund, aber keine Voraussetzung für einen Heimeinzug. Diese Wohnveränderung fällt vielen Senioren oft schwer. Das Altenheim ist meist weiter entfernt von der vertrauten Umgebung, sodass es häufig vorkommt, dass sich Freundschaften verlieren, weil es den älteren Personen nicht möglich ist, sich zu besuchen. Auch das Trennen von der

45 Vgl. Deutscher Bundestag, Referat Öffentlichkeitsarbeit, Zur Sache – Themen parlamentarischer Beratung Zwischenbericht der ENQUETE-KOMMISSION Demograph. Wandel, Bonn 1994, S. 457.

Wohnung ist kein leichter Schritt. Die eigene gewohnte Umgebung zu verlassen, ist für einige so, wie ihr bisheriges eigenes Leben hinter sich zu lassen und neu anzufangen. Gerade dieser Neuanfang fällt im Alter besonders schwer. Das gilt auch für das Einschränken auf einen Raum, denn meist sind die Privaträume im Altenheim nicht größer als 15 qm. Möbel und persönliche Gegenstände gehören zur eigenen Biografie und sind eine Erinnerung an das eigene Leben. Die Reduzierung des Wohnraumes hat zur Folge, dass man sich von lieb gewonnenen Gegenständen trennen muss. Dieser Verlust löst oft Trauer bei den Betroffenen aus. Auch der Wechsel, mit fremden Personen zusammenzuleben, ist schwierig. Es gibt noch viele Seniorenheime, die Doppelzimmer anbieten, wodurch sich die Bewohner in ihrer Intimsphäre eingeschränkt fühlen, da sie ihr Zimmer mit einer fremden Person teilen müssen.

Mahlzeiten können nicht mehr frei gewählt werden. Zwar gibt es mehrere Gerichte zur Auswahl, aber die eigenen Vorlieben und Abneigungen in der Zubereitung können nicht individuell berücksichtigt werden. Neben den vielen negativen Aspekten hat das Wohnen in einem Seniorenheim durchaus positive Perspektiven, die jedoch individuell abhängig sind. Das Pflegeheim bietet einen persönlichen Schutz und eine 24-stündige medizinische und pflegerische Versorgung. Im Falle eines Sturzes bekommen die Heimbewohner sofort Hilfe. Dieser Aspekt ist für viele Bewohner sehr wichtig und gibt ihnen Halt und Sicherheit. Menschen, die in ihrer Wohnung viel allein waren und unter dieser Einsamkeit litten, empfinden das Zusammensein mit anderen Menschen als positive Veränderung, die ihnen wieder neue Lebenskraft gibt. Einige Altenheime, die ich besuchte, haben Doppelzimmer für Ehepaare angeboten. Die innenarchitektonischen Ansprüche an ein Altenheim sind enorm. Eine hohe Funktionalität und Sicherheit der Räume ist notwendig, jedoch sollte dabei die Individualität der Bewohner berücksichtigt werden und die Räume dürfen nicht an Atmosphäre verlieren. Die unterschiedliche Gestaltung von Wohnbereichen, Gemeinschaftsräumen und Zimmern dient der Orientierung in einem großen Haus. Wichtig ist, dass Raum für individuelle Gestaltung vorhanden ist. Die Bewohnerzimmer bieten Schutz und Privatsphäre. Viele Einrichtungen ermöglichen den neuen Bewohnern das Mitbringen von eigenen Möbeln und Gegenständen wie Bilder oder Pflanzen und schaffen so ein bisschen Vertrautheit in der neuen Umgebung. Bei meinen Heimbesuchen habe ich es erlebt, dass sich die Bewohner dadurch ein Stück Heimat mitnehmen und sich in diesem Ambiente besonders wohlfühlen.

Familienfoto eines Heimbewohners

Hier sind ein paar Beispiele, wie Heimbewohner sich ihr neues Zuhause gestaltet haben und wie unterschiedlich die Ergebnisse sind. Viele Heimbewohner haben persönliche Dinge wie Fotos, Schutzengel und religiöse Gegenstände in ihren Zimmern.

Bewohnerbeispiele aus einem Altenheim

Im Altenheim gibt es die Möglichkeit, eigene Möbel und persönliche Dinge mitzubringen, um sich so ein Stück Heimat mitzunehmen und sich so weit, wie es möglich ist, heimisch zu fühlen. Das Altenheim stellt für die Bewohner Pflegebetten, Nachttische und Gardinen und bei Bedarf auch weitere Möbel zur Verfügung. Der private Raum darf nach den eigenen Wünschen des Bewohners gestaltet werden. Auch farbige Wände sind möglich. Die Individualität der Zimmer erkennt man durch die persönlichen Gegenstände, die jeder Heimbewohner mitbringt. Dadurch werden die Zimmer sehr individuell.

Wohnbereich einer 80-jährigen wohlhabenden Dame

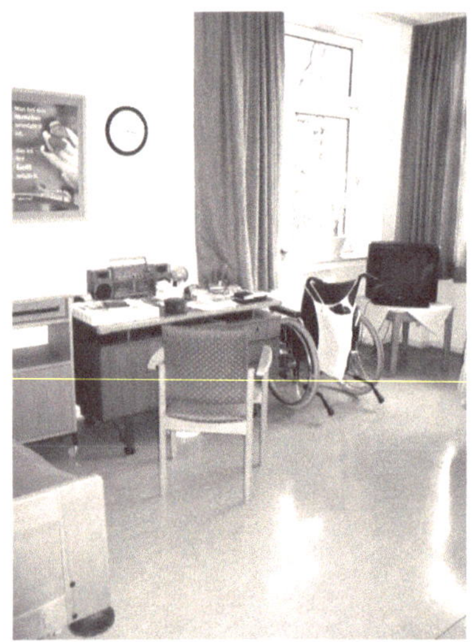

Zimmer eines 78-jährigen Herren

Er war Geologieprofessor und hat sich seinen Schreibtisch mit vielen Büchern mitgebracht. Das Zimmer wurde früher als Doppelzimmer angeboten und von Ehepaaren genutzt. Heute wird es als Einzelzimmer vermietet.

4.9.1 Das Altenpflegeheim

Das Altenpflegeheim ähnelt dem Altenheim. Die Voraussetzung eines Altenpflegeheimes ist eine hohe Pflegebedürftigkeit der Bewohner. Eine Rundumbetreuung von Pflege und Versorgung wird geboten. Die Senioren wohnen in Appartements oder Doppelzimmern mit eigenen Bädern.

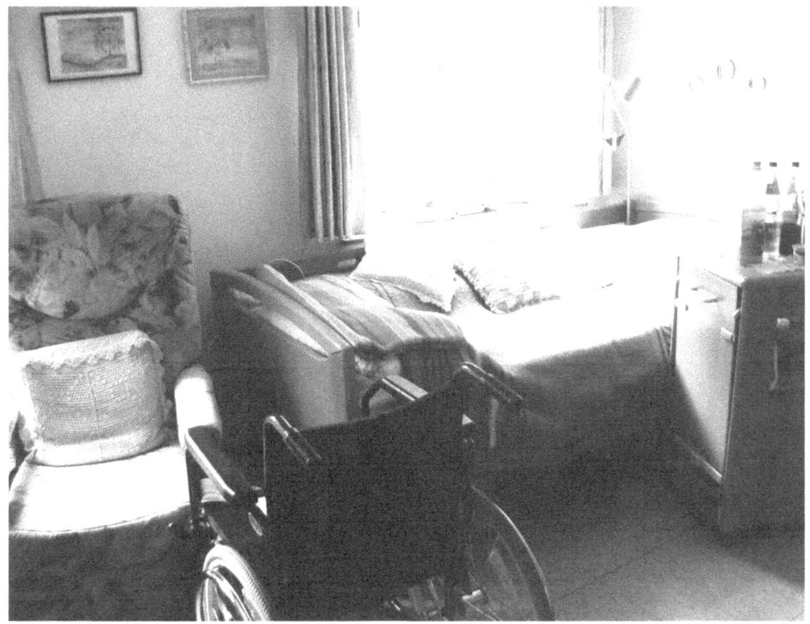

Bewohnerbett im Doppelzimmer

Gemeinschaftsräume für Aktivitäten mit anderen Bewohnern sind vorhanden. Das Pflegepersonal bietet auch eine Freizeitbetreuung an, wie Feste feiern, Gemeinschaftsspiele spielen, Vorträge hören oder jahreszeitliches Basteln. Jede Etage in einem Pflegeheim hat eine gemeinsame Küche mit Sitzgelegenheiten. Dort kann bei der Zubereitung der Mahlzeiten geholfen werden und Speisen werden gemeinsam gegessen.

4.9.2 Das Altenwohnheim

Das Altenwohnheim ist ein Gebäude mit geschlossenen, kleinen Wohnungen. Die Bewohner bewältigen ihren Haushalt eigenständig. Jede Wohnung verfügt über eine Küche oder

Kochnische, wo individuell und selbstständig gekocht werden kann. Bei Bedarf kann Betreuung, Verpflegung und ein Pflegeplatz in Anspruch genommen werden.

Dachgeschossappartement in einem Altenwohnheim

4.9.3 Die Seniorenresidenz

Die Seniorenresidenz ist die luxuriöse Variante mit Hotelcharakter des Altenwohnheimes. Unterschiedlich große Wohnungen von ein bis vier Zimmern werden vermietet. Die Wohnungen werden selbst finanziert, denn man kauft Anteile wie bei einer Genossenschaft und erhält dadurch eine Wohnung. Serviceleistungen können bei Bedarf in Anspruch genommen werden. In diesen Wohnanlagen leben meist bis zu 300 Bewohner, sodass eigene Geschäfte und Banken sowie Schwimmbäder und Sportanlagen in den Häusern vorhanden sind. Ebenso sind Arztpraxen und eine Apotheke vor Ort. Kulturelle Angebote wie Theater, Vernissagen und Vorträge können in der Wohnanlage genutzt werden, da Platz für Bühnen und ein großer Festsaal zur Wohnanlage gehören.

5 Wohnen im Alter – eine empirische Studie

Da es vielen Menschen wichtig ist, bis ins hohe Alter oder bis zum Tod in ihrem Zuhause zu leben und ihren eigenen Haushalt zu führen, betrachte ich diese Wohnform genauer und werde für jeden einzelnen Raum Vorschläge machen, die das Wohnen für Senioren erleichtern sollen. Mit Hilfe eines Fragebogens und zwei Wohnbeispielen habe ich die Realität überprüft, wie ältere Menschen privat wohnen, ob sie sich in ihrer derzeitigen Wohnsituation wohlfühlen und welche Hindernisse es in ihrer Wohnung gibt. Die DIN 18025 Teil 1 und 2 beinhaltet barrierefreie Wohnungen für Rollstuhlbenutzer und Betagte. Es ist eine Richtlinie für Neubauten wie auch die DIN 18040-1, die eine Planungsgrundlage für barrierefreies Bauen öffentlich zugänglicher Gebäude ist und auch für Neubauten gilt. Doch was ist mit den privaten Bestandsgebäuden? Hier lassen sich die DIN-Normen nicht ohne Weiteres anwenden. Es ist sehr wichtig, den privaten Wohnraum den Bedürfnissen der Bewohner anzupassen, um selbstständiges Wohnen bequemer zu machen und dadurch die Lebensqualität zu erhalten bzw. zu steigern. Niemand ist gern auf fremde Hilfe angewiesen oder macht seinen Alltag von anderen abhängig. Auch die finanzielle Situation muss berücksichtigt werden. Einerseits ist es sehr gut, dass so viel Hilfe und Pflege für ältere Menschen angeboten wird. Doch nicht jeder kann sich diese Unterstützung leisten. Mehrere

Bewohner haben erwähnt, dass sie, falls die Hindernisse in der eigenen Wohnung oder im Haus nicht mehr zu bewältigen sind, ihr Zuhause verlassen und in eine seniorengerechte Wohnung umziehen müssen. Der Gedanke an diese Situation rührte eine Frau zu Tränen. Um diesen Zustand zu meiden, ist es wichtig, rechtzeitig das eigene Wohnumfeld den körperlichen Beeinträchtigungen anzupassen oder direkt barrierefrei zu bauen.

5.1 Konzeption der Befragung

In meinem Fragebogen habe ich 20 Personen ab 65 Jahren befragt. Ab diesem Alter gehen die meisten Menschen keinem Beruf mehr nach und verbringen einen erheblichen Teil ihrer Freizeit in den eigenen vier Wänden. Der Fragebogen beinhaltet zehn Fragen. Zu Beginn möchte ich wissen, wie alt die Personen sind und welches Geschlecht sie haben. Dann frage ich nach der Wohnsituation. Meiner Meinung nach ist es wichtig, ob eine Person allein in einem großen Haus wohnt und keine Familie in der Nähe hat oder ob jemand mit seinem Partner im eigenen Haus neben seinen Kindern lebt. Da das soziale Netzwerk mit zunehmendem Alter wichtiger wird, kann sich Einsamkeit und soziale Isolation erheblich auf die Psyche auswirken. Anschließend frage ich nach dem Wohlbefinden der derzeitigen Wohnsituation. Mir ist es sehr wichtig, die grundlegenden Hindernisse deutlich zu zeigen, die den Bewohnern im Alltag Probleme bereiten. Daher sollen die Befragten die Barrieren nennen, damit die Hindernisse für sie selbst deutlich werden. Wichtig für eine gute Planung und Anpassung des Wohnraums sind die individuellen Bedürfnisse der Befragten. Deshalb möchte ich wissen, welche Farben und Materialien im privaten Wohnraum bevorzugt werden. In der letzten Frage sollen die Befragten ihren Wohnstil einschätzen. Anhand von Bildern, die verschiedene Wohnbeispiele darstellen, soll der eigene Wohnstil beschrieben werden.

5.2 Ergebnisse

In der ersten Frage habe ich nach dem Alter der Probanden gefragt. Es liegt zwischen 68 und 85 Jahren. In der nächsten Frage möchte ich das Geschlecht wissen. Von 20 Befragten sind nur vier Männer dabei. Einige Männer wollten nicht an der Studie teilnehmen und in meinem befragten Umfeld leben mehr Frauen als Männer. Die dritte Frage beschäftigt sich mit der Wohnsituation der Probanden.

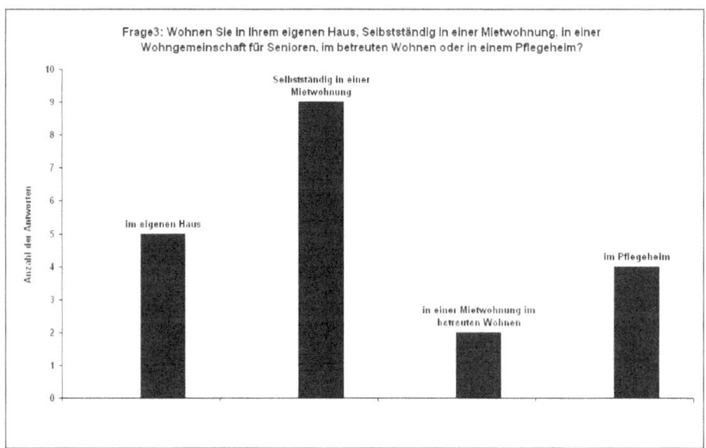

Diagramm 1

Das Diagramm zeigt, dass von 20 Befragten fünf Personen in ihrem eigenen Haus, neun Senioren in einer Mietwohnung, zwei Personen in einer Mietwohnung im Bereuten Wohnen und vier Senioren im Pflegeheim leben. In der nächsten Frage möchte ich wissen, wie die Senioren wohnen und ob sie allein, mit ihrem Partner, mit anderen Senioren oder bei den eigenen Kindern leben. Diese Frage ist wichtig für die eigene Lebensqualität, die Aktivitäten und die sozialen Kontakte. Lebt jemand zurückgezogen und fühlt sich nicht wohl, kann es sein, dass die Person mit der eigenen Wohnsituation nicht zufrieden ist. Viele ältere Menschen fühlen sich allein und verlassen in ihre Wohnung, weil ihnen jemand fehlt zum Reden, Spazierengehen oder für andere Beschäftigungen. Es macht viel mehr Freude, Aktivitäten und schöne Erlebnisse mit einem anderen Menschen teilen zu können. Der Mensch ist ein Gesellschaftstier und im Alter ändert sich diese Situation nicht, sie wird eher viel wichtiger. Soziale Kontakte und die eigene Familie gewinnen an Bedeutung. Auch die Versorgung ist besser, wenn Senioren mit ihrem Partner zusammenleben, in der Nähe oder bei ihren Kindern wohnen.

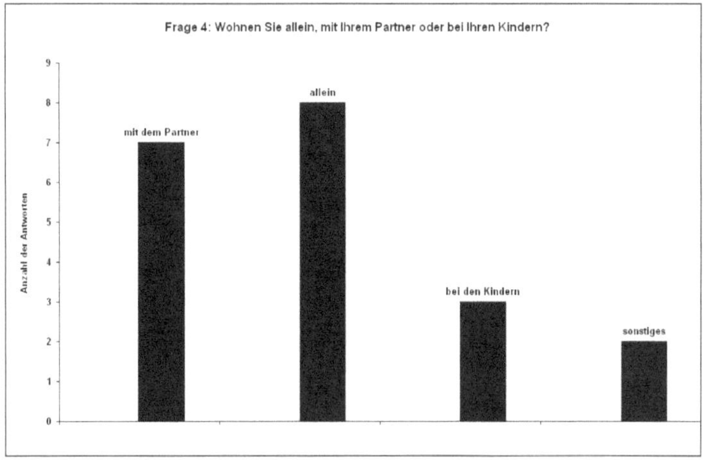

Diagramm 2

Die meisten der Befragten wohnen allein oder mit ihrem Partner zusammen. Drei Befragte haben ihre eigene Wohnung im Haus der Kinder und eine weitere wohnt in einem Doppelzimmer im Pflegeheim. Ein Befragter lebt in einer Wohngemeinschaft für Senioren. Die nächste Frage beschäftigt sich mit der Zufriedenheit der eigenen Wohnsituation. 18 von 20 Senioren fühlen sich in ihrer Wohnsituation wohl. Eine Frau, die sich nicht wohlfühlt, lebt im Doppelzimmer eines Pflegeheims. Sie bemängelt den geringen Platz und sie hätte gern mehr Privatsphäre. Für sie war es eine sehr große Umstellung, in ein Doppelzimmer eines Altenheims zu ziehen. Doch ihre finanzielle Lage ermöglicht ihr derzeit keine andere Wohnsituation und so muss sie sich damit zufrieden geben, wie sie sagt. Eine andere Frau, die sich ebenfalls nicht wohlfühlt, beklagt sich darüber, dass ihre Nachbarn zu laut seien. Auch Personen, die mit einem Ja geantwortet haben, fügten noch ein Aber hinzu. Eine weitere Befragte, die mit ihrem Partner im eigenen Haus lebt, bemängelt die Schwellen im Haus, über die sie schon öfters gestolpert sei. Eine andere Frau, die eine kleine Wohnung in einem Pflegeheim hat, fühlt sich zwar wohl, doch sie sagt:„ Ich bin auch traurig, dass ich mein Zuhause verlassen musste. Manchmal weine ich deswegen auch, aber vielleicht muss es so sein." Auf die nächste Frage, was geändert werden soll, sagte ein älterer Herr, dass sein Haus immer auf dem laufenden Stand sein müsse. Damit meinte er, dass die Wände, Decken und Türen regelmäßig gestrichen werden müssten, er aber keine großen Umbaumaßnahmen mehr durchführen möge. Andere sagten, dass die Schwellen in der Wohnung beseitigt werden müssten und eine Frau, die in einem Appartement im Altenheim lebt, hätte gern ein eigenes Bad. Eine andere Dame sagte, wenn sie in ihrem Haus allein nicht mehr zu Recht käme, müsse sie ausziehen. In Frage 7 habe ich nach den Barrieren in der Wohnung gefragt und ich bin erstaunt, dass es so viele Mängel in den Privatwohnungen gibt, während die Befragten aus den Pflegeheimen bis auf eine Ausnahme keine störenden Hindernisse angegeben haben. Lediglich eine Befragte, die in einer stationären Einrichtung lebt, bemängelte, dass es keine ebenerdige Dusche gebe. Ich muss dazu sagen, dass das Altenheim in den 80er Jahren erbaut wurde.

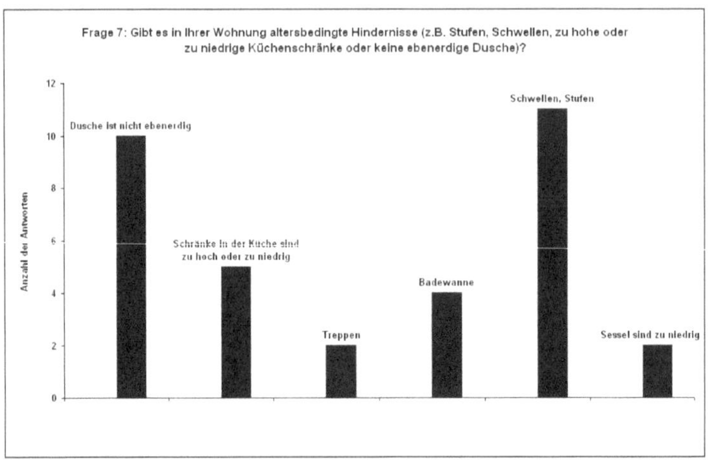

Diagramm 3

Der größte Teil der Befragten klagt über Schwellen und Stufen im Wohnbereich und dass keine ebenerdige Dusche vorhanden sei. Auch Badewannen und zu hohe bzw. zu niedrige Schränke in der Küche seien zu Problembereichen geworden. Treppen und zu niedrige Sitzmöglichkeiten werden dagegen von einem geringen Teil der Bewohner als Hindernisse wahrgenommen. Eine 82-jährige Frau, die in ihrem eigenen Haus lebt und zum Waschen in den Keller gehen muss, erzählte mir, um in ihre Wohnung zu kommen, müsse sie manchmal die Kellertreppe hinauf krabbeln, weil sie keine Kraft mehr in ihren Beinen habe. Die Wäsche müsse dann ihre Tochter hinauf holen, die nebenan wohne. Dieselbe Person erzählte mir auch, dass sie seit fünf Jahren nicht mehr baden gehe, weil trotz der Haltegriffe an der Badewanne es für sie schwierig sei, aus der Wanne zu steigen. Hier könnten schon ein Badewannendrehsitz und ein Haltegriff auf dem Wannenrand helfen und der Frau die nötige Sicherheit geben. So bekäme sie ein Stück Lebensqualität zurück. In den nächsten beiden Fragen wollte ich wissen, welche Farben und Materialien ältere Menschen bevorzugen oder sehr gern mögen. Schließlich ist es wichtig, dass die Bedürfnisse und Wünsche der Bewohner in die Planung und Gestaltung ihrer Lebensräume miteinbezogen werden.

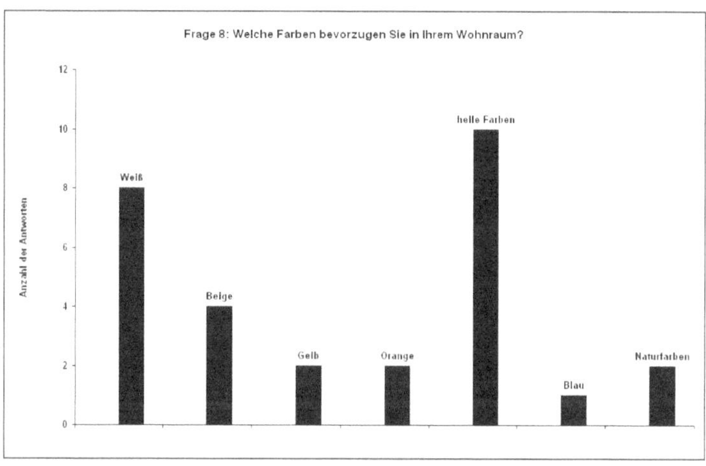

Diagramm 4

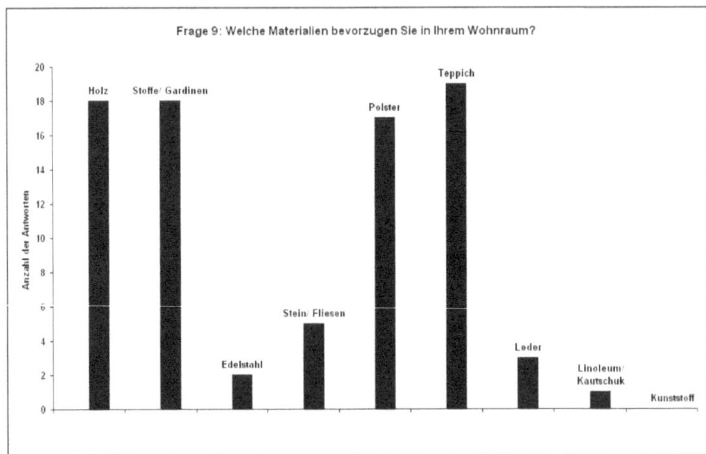

Diagramm 5

Bei Frage 8 waren mehrere Angaben möglich. Die Probanden mussten sich nicht für eine Farbe entscheiden. Helle Farben und Weiß sind am beliebtesten im Wohnbereich. Auch Beige, Gelb und Orange sind helle Töne, wobei das Orange auch sehr farbintensiv sein kann. Bei Frage 9 sollten die beliebtesten Materialien angekreuzt werden und auch hier waren mehrere Antworten möglich. Auf die Frage, welche Materialien im Wohnraum bevorzugt werden, habe alle Befragten Teppichboden angekreuzt. Holz, Gardinen/Stoffe und Polster wurden auch von fast allen gewählt. Diese vier Materialien sind bei den heutigen Senioren die beliebtesten Elemente im Wohnbereich. Edelstahl, Fliesen, Leder und Linoleum wurden nur von einem geringen Teil erwähnt. In der letzten Frage wollte ich, dass die Befragten ihren eigenen Wohnstil beschreiben. Es ist sinnvoll, Bildbeispiele zu wählen, da für jeden die Begriffe, wie modern oder klassisch, eine andere Bedeutung haben. Um eindeutigere Ergebnisse zu bekommen, habe ich fünf Wohnbeispiele ausgewählt (siehe Anhang Fragebogen).

Die meisten der Befragten schätzen ihren Wohnstil im Landhausstil oder im klassischen Stil ein.

5.3 Diskussion der Ergebnisse

Anhand des Fragebogens habe ich einen kleinen Einblick über die Wünsche, Bedürfnisse und Hindernisse der Senioren in ihrem Wohnumfeld erhalten. Dieser Fragebogen soll verdeutlichen, mit welchen Problemen die heutigen Rentner in ihrer Alltagsbewältigung zu „kämpfen" haben. Sicherlich lässt sich der Fragebogen noch erweitern und die Studie größer anlegen, indem man mehr Befragte hinzuzieht. Der Fragebogen soll eine Anregung sein für die individuellen Bedürfnisse und Wünsche der Senioren. Bei der Wohnungsanpassung ist dieser Aspekt sehr wichtig, denn jede Person bewältigt ihren Alltag anders und bemängelt andere Barrieren. So erwähnten zwar die meisten Befragten, dass Schwellen und Stufen sowie das Fehlen einer ebenerdigen Dusche altersbedingte Hindernisse seien, doch auch zu niedrige Küchenunterschränke oder zu hohe Oberschränke, niedrige Sitzmöbel, Probleme beim Treppensteigen und Ein- und Aussteigen aus der Badewanne wurden als Barrieren genannt. Wichtig für mich ist auch, zu wissen, was dieser Altersgruppe gefällt und welche Farben und Materialien ältere Menschen bevorzugen. Der größte Teil der Senioren aus meiner Umfrage favorisiert warme helle Farben und weiß. In Kapitel 3.4.6 habe ich erwähnt, dass Farbkontraste die Orientierung für ältere Menschen verbessern. Das bedeutet nicht, dass nur stark gesättigte Farbkontraste wie rot-grün oder blau-gelb eingesetzt werden müssen. Es gibt bei jeder Farbe verschiedene Nuancen und es ist wichtig, Kontraste zu verwenden, aber auch das Ambiente des Raumes zu erhalten. So können dunkelfarbige Steckdosen oder Lichtschalter auf einer beigefarbenen Wand installiert werden. Oder um die Elemente wird ein Farbstreifen in einer dunkleren Farbnuance angebracht, der sie deutlich vom Hintergrund hervorhebt. Der Kontrast ist gegeben und der Farbwunsch des Bewohners wurde berücksichtigt. Bei den Materialien sind es vorwiegend Holz, Stoffe, Gardinen, Polstermöbel und Teppichböden. Es wäre ziemlich falsch, wenn man beim Umbau einer Seniorenwohnung einen Parkettboden verlegen würde, wenn der Bewohner ausschließlich Teppich als Boden bevorzugt. Die Aufgabe eines Innenarchitekten ist es, die Wünsche und Bedürfnisse des Bewohners zu berücksichtigen und gleichzeitig Sicherheit in der Wohnung zu schaffen. Besonders beim Umbau von Privatwohnungen können diese Aspekte bevorzugt werden. Beim Bau oder Umbau einer ambulanten Einrichtung können individuelle Bedürfnisse und Wünsche einzelner Personen schwer realisiert werden, da die Gestaltung für eine große Personengruppe gedacht ist. Lediglich in den eigenen Zimmern oder Appartements kann Platz für individuelle Bedürfnisse und Raumgestaltung geschaffen werden.

5.4 Individuelle Wohnbeispiele

Im Folgenden stelle ich zwei Wohnbeispiele aus der Praxis vor. Mir ist es wichtig, deutlich zu zeigen, welche Barrieren den Alltag einschränken können, wo sich Gefahren verbergen, die nicht direkt als Hindernisse genannt werden, aber extrem gefährlich sind. Dazu zählen unter anderem kleine Stolperfallen, zu wenig Licht im Wohn- und Arbeitsbereich, fehlende Handläufe oder auch zu glatte Bodenflächen. Anhand von Fotos und Skizzen stelle ich dar, wie unterschiedlich ältere Menschen wohnen und welchen Bedarf es gibt, die Wohnungen altersgerecht anzupassen. Um die Anonymität der Bewohner zu gewährleisten, habe ich die Namen geändert.

5.4.1 Ehepaar Krüger

Das Ehepaar Krüger lebt in einem alten Bauerngut, was Anfang 1900 erbaut wurde. Das Haus befindet sich in einer Kleinstadt mit 3 000 Einwohnern. Das Grundstück und das Haus sind sehr groß. Das Ehepaar bewohnt nur das Erdgeschoss des Hauses, die anderen zwei Etagen sind vermietet. Herr Krüger ist 71 Jahre alt und Frau Krüger ist 69 Jahre alt. Beide sind nicht körperlich beeinträchtigt und führen die Tätigkeiten im Haushalt und die Gartenpflege selbst aus.

Haus Vorderansicht

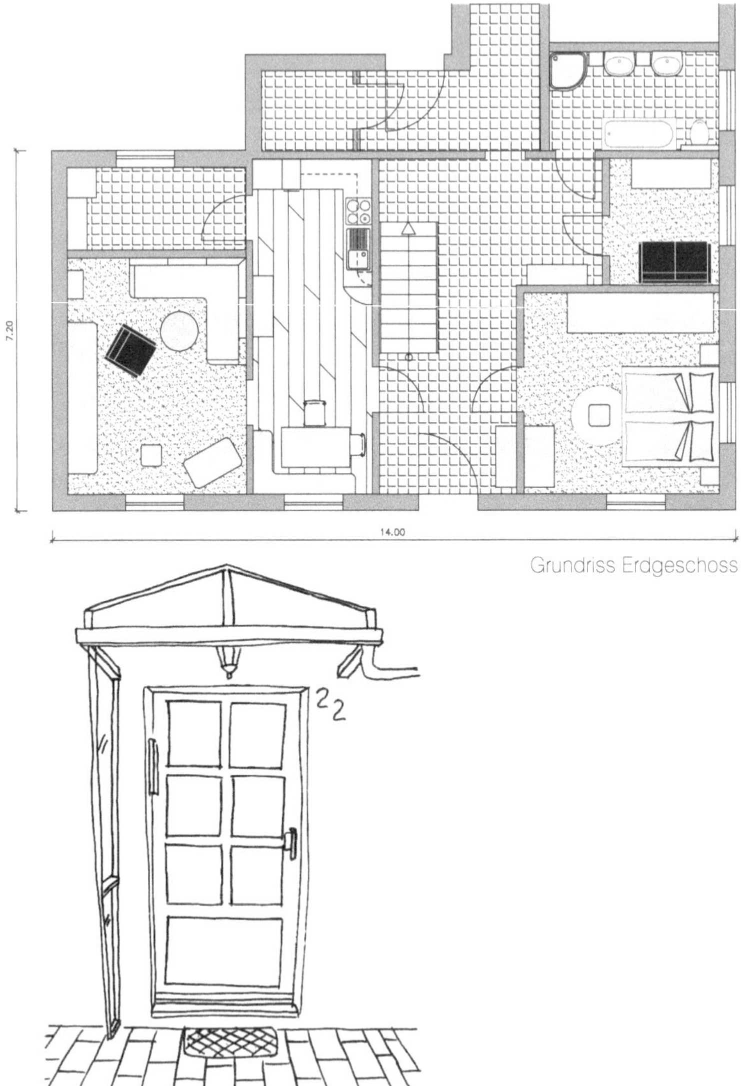

Grundriss Erdgeschoss

Hauseingang

Garten vor dem Haus

Der Haupteingang des Hauses befindet sich an der Straßenseite. Eine Stufe, die sich farblich von der Hauswand absetzt, ermöglicht den Gang ins Haus. Die Haustür und der Griff sind nicht deutlich voneinander zu unterscheiden. Ein andersfarbiger oder heller Türgriff wäre besser erkennbar. Ein kleiner Handlauf für die Stufe würde das Eintreten erleichtern, man müsste sich nicht an der Ecke der Hauswand festhalten.

Hinter der Eingangstür befindet sich ein langer Flur. Der hintere Bereich des Flures ist sehr dunkel, da hier kein Tageslicht einfällt. Links ist die Küche, rechts ist das Schlafzimmer. Die Holztreppe führt zur Wohnung in der ersten Etage und zum Dachboden.

Tür zur Küche

Blick in den hinteren Flurbereich
Tür rechts Schlafzimmer

Im hinteren Flurbereich kommt rechts das Gästezimmer. Durch die hintere rechte Tür gelangt man in das Badezimmer. Die Schiebetür und eine Stufe daneben führen zu einem zweiten Flur, wo sich Waschhaus, Abstellraum, ein zweites WC und die Tür zum Garten befinden. Die Stufe ist nicht gut sichtbar, da die Lichtverhältnisse hier nicht ausreichend sind. Ein Handlauf, eine kontrastreiche Stufe und die Reduzierung der Lichtblendung von der Haustür ausgehend würde die Stolpergefahr vermeiden. Der Flur ist im vorderen Bereich sehr hell gehalten und im hinteren Bereich sind die Wand sowie die gesamte Decke des Flures mit Holz verkleidet, was den Raum zusätzlich optisch verdunkelt. Die hellen, rauen Bodenfliesen sind rutschhemmend und reflektieren wenig Licht. Die künstliche Lichtquelle beleuchtet den Flur nicht ausreichend.

Schwelle

Hinterer Flurbereich: Tür rechts Gästezimmer, Mitte Bad, links Garten

Die Küche ist relativ groß und bietet Platz für einen großen Essbereich. Die Decke ist mit einer hellen Holzvertäfelung verkleidet. Der helle glatte Laminatboden ist sehr rutschig und reflektiert das Licht des Halogenstrahlers. Das Licht genügt nicht, um den Raum ausreichend zu beleuchten. Das bemängelte auch Frau Krüger. Die Küchenmöbel sind aus Eiche und heben sich gut vom hellen Hintergrund ab. Die Griffe sind zu klein und zu Kontrastarm, man kann sie auf die Schnelle nicht erkennen. Frau Krüger meinte zwar, dass sie wisse, wo die Schränke zu öffnen sind, aber manchmal greife sie daneben, weil sie es nicht erkennen könne. Die Arbeitsplatte ist in der für sie richtigen Höhe montiert, aber die Hängeschränke sind ihr zu hoch, da sie im Laufe ihres Lebens immer kleiner wird. Links neben der Küche befindet sich die Speisekammer. Hier lagert das Ehepaar selbst angebautes und eingekochtes Obst und Gemüse aus dem Garten für den Winter. Damit sparten sie sehr viel Geld und sie hätten eine Aufgabe, wie sie sagen.

Küchenzeile

Blick in die Speisekammer

Essbereich in der Küche

Barrierefreier Übergang von der Küche in das Wohnzimmer, Materialwechsel

Neben der Küche befindet sich das Wohnzimmer. Eine Schiebetür schützt den Raum vor Gerüchen aus der Küche. Der Übergang von der Küche in das Wohnzimmer ist schwellenfrei. Eine Abschlussleiste kündigt ein neues Material auf dem Boden an. Eine große dunkelfarbige Schrankwand ist das erste, was man sieht, wenn man von der Küche aus in den Raum schaut. Das Wohnzimmer ist ebenfalls sehr dunkel. Eine dimmbare Standleuchte in der Sofaecke bietet ausreichend Licht zum Lesen, so können individuelle Lichtbedürfnisse angepasst werden. Eine große Sofaecke gewährt Platz für Besuch. Die Polstermöbel haben die richtige Sitzhöhe für das Ehepaar, zumindest haben sie keine Schwierigkeiten beim Aufstehen. Ein dunkelfarbiger Teppichboden macht den Raum wohnlich. Gegenüber der Sitzecke befindet sich der Fernseher.

Schrankwand im Wohnzimmer

Sitzbereich

Fernseher und Fenster links neben der Schrankwand, gegenüber dem Sitzbereich

Das Schlafzimmer liegt rechts vom Flur und gegenüber der Küche. Eine unebene Schwelle führt vom Flur in den Raum. Die Schwelle wurde als Hindernis von dem Ehepaar angegeben, da sie sehr hoch sei. Das Schlafzimmer ist mit weißen Möbeln ausgestattet, dadurch wirkt der dunkle Raum optisch heller. Auf beiden Nachttischen ist eine separate Leuchte, die das nächtliche Aufstehen erleichtert. Der Schaffellteppich in der Mitte des Raumes ist eine Stolperfalle, da er nicht mit dem Boden fest verbunden ist. Neben dem Bett ist ein großer Kleiderschrank mit Spiegel. Rechts neben der Tür befindet sich ein helles Sideboard mit Familienfotos. Die Möbelgriffe heben sich durch ihre Messingverzierung optisch von den weißen Möbelfronten ab.

Eingang Schlafzimmer

Ehebett

Blick zur Tür

Der Eingang zum Badezimmer befindet sich im hinteren Teil des Flures. Über eine Schwelle gelangt man in den Raum. Die Schwelle hebt sich zwar optisch vom Boden des Flures ab, nicht aber vom Boden im Badezimmer. Hier können Fehltritte vermieden werden, indem die Schwelle farblich markiert wird, damit man sie leichter wahrnimmt. Das Badezimmer ist ein sehr heller Raum mit hellen Fliesen und Möbeln. Alles ist in Beige und Weiß gehalten. Der Läufer vor der Badewanne ist farblich mit dem Toilettenbezug abgestimmt, er liegt

Schwelle am Eingang zum Bad

lose auf den Fliesen und kann zur Stolperfalle werden. Gegenüber der Badtür befindet sich die Dusche mit einem Eintritt. Frau Krüger findet den Eintritt als zu hoch, ihr fehlten Griffe, an denen sie sich festhalten könnte, wenn sie aus der Dusche steigt. Rechts neben dem Eingang ist die Badewanne. Sie könnte sich optisch von der Wand besser hervorheben und ein Griff am Wannenrand würde Herrn Krüger das Ein- und Aussteigen aus der Badewanne erleichtern. Ihm ist dieses Hindernis allerdings erst nach seiner Knieoperation aufgefallen.

Dusche mit hohem Einstieg

Badewanne mit hohem Einstieg

Sowohl Herr Krüger als auch Frau Krüger haben ihr eigenes Waschbecken. Durch farbige Kunstblumen versucht Frau Krüger, Akzente im Bad zu setzen. Die glatten hellen Fliesen reflektieren das Licht im Badezimmer sehr stark. Die Beleuchtung ist ausreichend, aber die Lichtreflektion der Fliesen ist zu hoch.

Der Garten hinter dem Haus ist über eine steile Steintreppe erreichbar, die über einen Handlauf an der Seite verfügt. Hier ist der Garten zwar uneben, bietet jedoch keine Stolperfallen durch Stufen oder Kanten.

Treppe zum Garten

5.4.2 Frau Schulze

Frau Schulze wohnt in einer 70 qm Wohnung in einem Dreifamilienhaus. Das Haus liegt in einer Wohnungssiedlung der 30er Jahre am Stadtrand. Frau Schulze ist 74 Jahre alt. Sie ist nach dem Zweiten Weltkrieg mit ihrer Mutter aus Litauen vertrieben worden und in diese Wohnung eingezogen. Nachdem ihre Mutter gestorben war, hat sie mit ihrem Mann und ihren drei Kindern in der Dreizimmerwohnung gelebt. Seit ihr Mann vor sieben Jahren starb, wohnt sie allein in der Wohnung. Insgesamt wohnt sie fast 50 Jahre hier. Vor und hinter dem Haus befindet sich ein kleiner Garten.

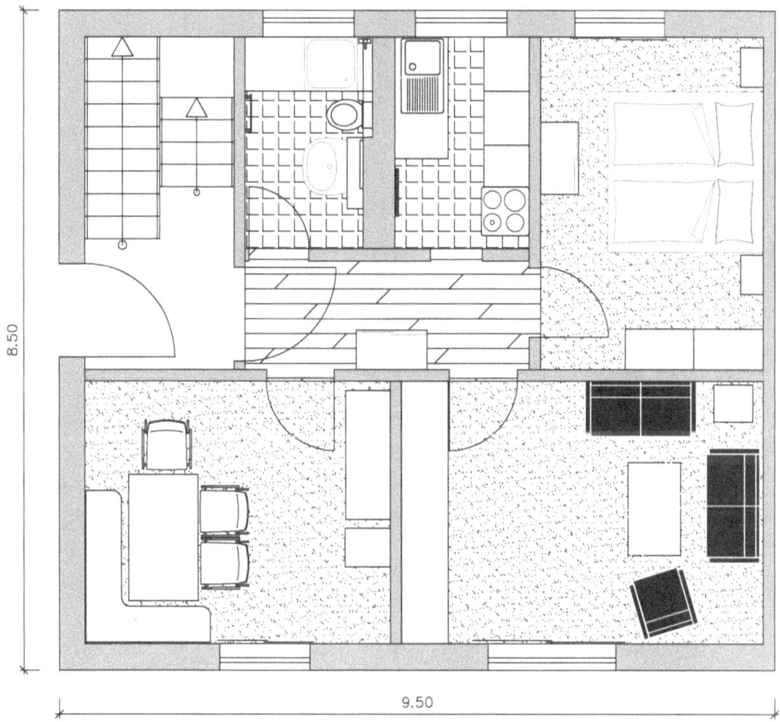

Grundriss Wohnung

Haus von vorn

Der Hauseingang ist über eine Treppe mit sechs Stufen zu erreichen. An der Seite ist ein Geländer zum Festhalten. Die Kanten der Stufen sind nicht gut zu erkennen, da sie den gleichen Farbton haben wie die Hauswand und der Gehweg. Das kleine Licht an der Haustür beleuchtet in der Dunkelheit nicht die gesamte Treppe. Vor der Haustür befindet sich ein Podest. Die Haustür ist rotbraun, der silberfarbene Türknauf hebt sich gut vom Hintergrund ab und ist deutlich erkennbar. Der Lichtschalter wurde direkt neben dem Türknauf auf gleicher Höhe installiert. So sieht man in der Dunkelheit das Schloss. Eine schlecht wahrnehmbare Stufe führt in das Treppenhaus.

Eingangsbereich zur Wohnung

Hinter der Haustür befindet sich der Flur des Hauses. Links neben der Eingangstür ist eine Treppe, diese führt in die oberen zwei Etagen. Gegenüber der Haustür ist die Wohnungseingangstür von Frau Schulze. Hier fehlt ein Handlauf rechts an der Wand, an dem sie sicher entlanggehen kann. Links neben der Wohnungstür ist die Treppe, die in den Keller führt. Die Treppenstufen und der Handlauf sind durch Kontraste gut zu erkennen. Er könnte sich aber seitlich besser von der weißen Wand abheben. Ein Lichtschalter, der manuell zu bedienen ist, befindet sich direkt neben dem Handlauf. Hinter der linken Tür liegt der Keller. Eine dunkle Steintreppe führt in den Keller. Hier sind die Stufen nicht direkt zu erkennen. Die Stufen der Steintreppe sind sehr uneben und glatt. Sie reflektieren das Licht der Kellerbeleuchtung. Auch der Handlauf ist hier nicht deutlich zu sehen, da er die gleiche Farbe wie die Wand besitzt. Frau Schulze erzählte mir, dass ihr letzter Sturz an dieser Treppe gewesen sei. Sie sei beim Treppensteigen von einer Stufe abgerutscht und habe sich am Handlauf nicht festhalten können, da sie ihn nicht gesehen habe. Sie sei mit ihrem Kopf direkt auf dem Steinboden aufgekommen und habe eine Platzwunde und eine Gehirnerschütterung gehabt. Seitdem gehe sie sehr ungern in den Keller und sei besonders vorsichtig.

Treppe vom Flur in den Keller,
Stufenkanten sind kontrastreich hervorgehoben

Kellertreppe, die Stufen sind uneben und glatt,
auf dieser Treppe ist Frau Schulze gestürzt

Hinter der Wohnungstür befindet sich ein schmaler langer Flur. Auf dem Boden ist Buchenlaminat verlegt, welches sehr glatt ist und zur Rutschgefahr werden kann. Im Flur befinden sich die Garderobe und ein Spiegel aus dunkelfarbigem Holz. Auch die Decke ist holzvertäfelt. Die Deckenlampe beleuchtet den Flur bei Dunkelheit zu wenig, da der Raum sehr hoch und mit dunklen Möbeln ausgestattet ist.

Blick von der Eingangstür in den Flur

Decke Flur

Links hinter dem Eingang befindet sich das Bad von der alten Frau. Es wurde vor einem Jahr ihrem Alter entsprechend umgebaut. Vorher hatte sie eine Badewanne, jetzt wurde eine Dusche installiert. Das Badezimmer ist weiß gefliest. Die Bodenfliesen sind sehr glatt und können zur Rutschgefahr werden. Rechts befinden sich das Waschbecken und der Spiegel. Der Spiegel hat eine separate Beleuchtung, was für die tägliche Pflege von Vorteil ist. Der lose Badevorleger ist eine Gefahr, da er sehr schnell verrutscht. Neben dem Waschbecken ist die Toilette. Hier fehlt ein Griff, an dem sich Frau Schulze beim Aufstehen von der Toilette festhalten kann. Links neben der Toilette ist die Dusche. Ein sehr hoher Einstieg, der Kontrastarm zum Boden ist, führt in die Dusche. Ein Griff, der mit Hilfe von Saugnäpfen auf den Fliesen haftet, ist zwar vorhanden, aber zu weit weg, um in die Dusche zu steigen. Frau Schulze erzählte mir, dass sie sich daran nicht mehr festhalte, da der Griff einmal abgegangen sei und sie dadurch in die Dusche gefallen sei. Ein Duschhocker erleichtere ihr das Waschen. Die Duschwanne ist nicht eindeutig zu erkennen, sie ist ebenfalls weiß wie die Umgebung in der Dusche. Sie ist eine Stolpergefahr, wie man auf den nächsten Fotos deutlich sehen kann. Das Podest neben der Dusche ist verschenkter Raum. Hier wäre es sinnvoll gewesen, Platz für einen Badschrank zu schaffen, da es keine Stauraummöglichkeiten gibt. Die Beleuchtung im Bad sei Frau Schulze zu dunkel, wie sie mir erzählte. Sie könne nur tagsüber duschen gehen, da dann das Bad sehr hell sei und sie die Schwelle in der Dusche besser erkennen könne.

Badezimmer „altersgerecht umgebaut"

Gegenüber vom Badezimmer ist das Esszimmer. Der Boden ist mit braunem Teppich verlegt. Die Decke ist mit Holzplatten verkleidet. Dunkle rustikale Eichenmöbel stehen im Raum. Ein großer Essbereich bietet Platz für Besuch. Der Raum ist aufgrund der Decke, dem Boden und der Möbel sehr dunkel, durch das Fenster gelangt nur wenig Tageslicht in den Raum. Die Wände sind weiß, überall hängen Fotos von Frau Schulzes Enkelkindern. Sowohl die Deckenleuchte als auch die kleine Leseleuchte in der Sitzecke sind dimmbar, so dass sich Frau Schulze ihren Lichtbedarf individuell einstellen kann. Ein kleiner Läufer am Eingang liegt über dem Teppich, die Kanten sind eine Stolpergefahr. In einer großen Vitrine in der rechten Raumecke stehen Porzellanfiguren und Erinnerungsstücke von früheren Reisen.

Esszimmer mit Fernseher, Essbereich und Vitrine mit Erinnerungsstücken

Neben dem Esszimmer ist das Wohnzimmer. Es befindet sich direkt gegenüber der Küche. Der Fußboden in dem Raum besteht aus einem blau-grau farbigen Teppich. Die Wände und die Decke sind weiß. Eine große Ledersofaecke füllt den Raum. Gegenüber an der Wand ist eine große dunkle Schrankwand. Der Raum ist durch das große Fenster sehr hell. Die Deckenleuchte und der Deckenfluter spenden ausreichend Licht. Allerdings ist der Deckenfluter nicht gut zu erreichen, denn er steht hinter einem großen schweren Sessel. Frau Schulze erzählte mir, dass sie sich sehr selten in diesem Raum aufhalte. Sie sitze lieber im Esszimmer, weil es viel gemütlicher für sie sei und die Ledersofas ihr zu kalt seien.

Wohnzimmer mit Sofaecke und rustikaler Schrankwand

Gegenüber dem Wohnzimmer ist die Küche. Sie ist sehr klein und bietet keinen Platz für einen Esstisch. Der Übergang vom Flur zur Küche ist barrierefrei. Der Durchgang in die Küche ist sehr schmal. Die zubereitete Mahlzeit muss immer ins Esszimmer getragen werden, was für Frau Schulze sehr gefährlich ist, da sie in ihrem Gang sehr unsicher ist und schlecht sehen kann. Der Küchenboden besteht aus kleinen beigefarbenen Mosaikfliesen. Durch den hohen Fugenanteil ist der Boden sehr rau und somit rutschfest. Rechts am Eingang befindet sich der Herd. Über dem Herd ist eine Dunstab-

Küche

zugshaube mit Beleuchtung, allerdings gibt die Leuchte wenig Licht ab. Weil die Arbeitsfläche sehr zugestellt ist, hat Frau Schulze wenig Platz, um Mahlzeiten zuzubereiten. Die Hängeschränke sind ihr zu hoch, da sie kleiner geworden ist. Deshalb muss sie viele Dinge auf die Arbeitsfläche stellen, um sie zu benutzen. Die Griffe sind Kontrastarm und schlecht von den Schränken zu unterscheiden. Die Deckenbeleuchtung ist nicht ausreichend, um mit Frau Schulzes Sehbeeinträchtigung Mahlzeiten zubereiten zu können. Frau Schulze klagte darüber, dass sie aufgrund mangelnder Beleuchtung Mühe habe, Rezepte zu lesen.

Neben der Küche liegt das Schlafzimmer. Eine kleine Schwelle ist der Übergang vom Flur in das Schlafzimmer. Der Boden ist mit grauem, glattem PVC verlegt. Frau Schulze erzählte mir, dass sie schon einmal im Schlafzimmer ausgerutscht sei. Der Boden reflektiert aufgrund seiner glatten Oberfläche sehr viel Licht. Der Raum ist sehr voll gestellt und bietet zu wenig Stauraum. Viele Haushaltsutensilien staut Frau Schulze neben und auf dem Kleiderschrank. Sie schläft auf der linken Bettseite. Der Durchgang zwischen Bett und Frisiertisch ist sehr schmal, überall stehen Dinge, über die sie stolpern kann. Das Bett ist sehr niedrig und Frau Schulze hat Probleme, wenn sie aufstehen möchte. Eine Nachttischleuchte ermöglicht ihr den nächtlichen Gang zur Toilette. Die Wände sind weiß und die Möbel sehr hell, dadurch wirkt der Raum groß und freundlich.

Schlafzimmer Frau Schulze

5.5 Zusammenfassung der Mängel

Viele Hindernisse sind den Bewohnern bekannt. Aber leider werden die Mängel nicht beseitigt, sondern die Bewohner akzeptieren sie und versuchen, mit ihnen zu leben, bzw. richten sich nach ihnen. Eine alte Dame, die ich besucht habe, konnte nicht mehr baden, weil sie keine Kraft mehr hatte, eigenständig aus der Badewanne zu steigen. Sie verzichtete komplett auf das Baden. Ich finde es sehr traurig, dass die Bewohner ihr Leben einschränken und mit den Barrieren wohnen, anstatt sie zu beseitigen. Oft ist es im Bestand nicht möglich, eine große Treppe durch einen Lift zu ersetzen. Jedoch können kleine Mängel behoben werden, um mehr Sicherheit und Wohlbefinden für die Bewohner zu schaffen. Mir ist aufgefallen, dass die meisten Mängel im Eingangsbereich, im Flur, in der Küche, im Bad und im Außenbereich liegen. Im Eingangsbereich sind Kontrastarme Stufen und ein fehlender Handlauf die größten Mängel. Im Flur fehlen ebenfalls Handläufe und vielleicht Sitzgelegenheiten, damit man sich bequemer die Schuhe an und ausziehen kann. Außerdem ist die Beleuchtung sehr dunkel. In der Küche ist es wichtig, dass Platz für einen Essbereich vorhanden ist. Ein separater Essbereich in der Wohnung kann sehr gefährlich werden. Oft können ältere Mensch nicht mehr so gut sehen und sind unsicher im Gang. Wenn sie dann noch heiße Speisen tragen, können sie stolpern und sich verbrühen. In der Küche ist mir aufgefallen, dass alle Bewohner kein ausreichendes Licht zum Arbeiten haben. Demzufolge ist es sehr anstrengend, Gemüse zu schneiden oder Rezepte zu lesen. Auch Küchenschränke und Arbeitsflächen sind nicht in der richtigen Höhe montiert, die der Benutzer benötigt. Außerdem sind die Böden in den Küchen sehr glatt und stark reflektierend. Im Badezimmer hatte keiner der Bewohner eine ebenerdige Dusche, obwohl eine Person im Betreuten Seniorengerechten Wohnen lebt und eine weitere Bewohnerin ihr Bad alten-gerecht hat umbauen lassen. Die Oberflächen bzw. Fußböden waren alle sehr stark reflektierend und glatt. Haltegriffe fehlten oder waren an den falschen Stellen angebracht. Fast alle Badezimmer waren zu dunkel und zu Kontrastarm. In den Außenbereichen wie Balkon, Terrasse oder Garten gab es Treppen oder Stufen.

Neben diesen erheblichen Mängeln gibt es auch positive Aspekte in den Wohnungen. Alle Bewohner haben einen großen Sitzbereich im Wohnzimmer, der ihnen die Möglichkeit gibt, Besuch zu empfangen. Der Wohnbereich ist meistens ein heller, freundlicher Raum. Auch die Essbereiche sind groß und haben viel Platz für mehrere Personen. Im Schlafzimmer hat jeder neben seinem Bett einen Nachtschrank mit separatem Licht, damit der nächtliche Toilettengang nicht gefährlich wird. Jeder Bewohner hat die Möglichkeit, sich in einem Garten oder auf einem Balkon draußen aufzuhalten.

6 Altersgerechte Wohnungsanpassungen – für die eigene Wohnung

Um einen Leitfaden für ein optimales Wohnumfeld im Alter zu schaffen, sind die Erkenntnisse aus den einzelnen Kapiteln meines Buches zu berücksichtigen und individuell auf die Bedürfnisse und Raumbeschaffenheiten anzupassen. Letztendlich ist es wichtig, die richtige Atmosphäre zu erzeugen und altersbedingte bzw. körperlich bedingte Barrieren weitestgehend zu beseitigen. Dabei gilt es, Design, Atmosphäre und altersbedingte Veränderungen der Wohnung und des Interieurs zu vereinen und dadurch ein Umfeld zu schaffen, in dem sich der Bewohner wohlfühlt und er soweit wie möglich selbstständig wohnt. Es muss nicht immer gleich notwendig sein, nur weil eine Treppe nicht mehr bewältigt werden kann oder die Schwellen in der Wohnung zu Hindernissen werden, ins Seniorenheim zu ziehen. Ich möchte Anregungspunkte geben, die für alte Menschen ein dauerhaftes Wohnen zu Hause ermöglichen und fördern. Kleine Umbaumaßnahmen können oft Wunder bewirken. Wichtige Kriterien der Wohnungsanpassung sind:

- Licht
- Farbe/Kontraste
- Eigene Flexibilität in der Wohnung/im Haus
- Materialität
- Barrierefreiheit

Lange Zeit war es Standard, kleine Wohnungen für Senioren zu bauen, damit diese nicht überfordert sind, ihre Wohnungen instand zu halten. Eine kleine Wohnung sei überschaubar und leicht zu pflegen. Doch sind Einraumwohnungen nicht sehr optimal. Sie bieten wenig Platz, behindern das Zusammenleben mit einem Partner und schränken das soziale Netzwerk ein. Die Küchen sind viel zu klein oder es ist nur eine Kochnische vorhanden, sodass für die Küchenutensilien kein Platz ist. Sie müssen weggegeben werden. Dadurch wird das Kochen eingeschränkt und die Gefahr besteht, dass sich die Menschen nicht richtig ernähren. Demnach ist eine flexible Dreizimmerwohnung von 60–80qm gut geeignet. Diese Wohnung bietet ausreichend Platz für ein Wohnzimmer, ein Schlafzimmer, ein Gästezimmer sowie Küche und Bad. Das oft gewünschte getrennt schlafen bei älteren Ehepaaren kann in einer Dreizimmerwohnung realisiert werden. Angemessener Platz und Übernachtungsmöglichkeiten für Besucher sind entscheidend, da mit zunehmendem Alter die Bedeutung der Familie immer wichtiger wird. Nicht selten ist es der Fall, dass die eigenen Kinder weiter weg vom Wohnort der Senioren leben. Ein eigenes Gästezimmer bietet die Möglichkeit, dass der Besuch auch über Nacht bleiben kann und so mehr Zeit miteinander verbracht wird. Die Bewohner einer Einraumwohnung fühlen sich sehr allein. Der Wohnraum bietet nicht genügend Platz für Möbel und Besuch, um z. B. Geburtstage feiern zu können. Aus den Niederlanden stammt das Wohnmodell „Seniorenlabel": eine flexible barrierefreie Dreizimmerwohnungen, die sowohl von jungen Familien als auch von älteren Menschen bewohnt werden kann. Dieses Wohnkonzept lässt viel Handlungsspielraum offen und die Wohnung kann den Bedürfnissen angepasst werden. So bietet sie Platz für ein Kinderzimmer und im Alter können getrennte Schlafzimmer oder ein Gästezimmer eingerichtet werden. Die nächste Abbildung zeigt ein solches Wohnbeispiel.[46]

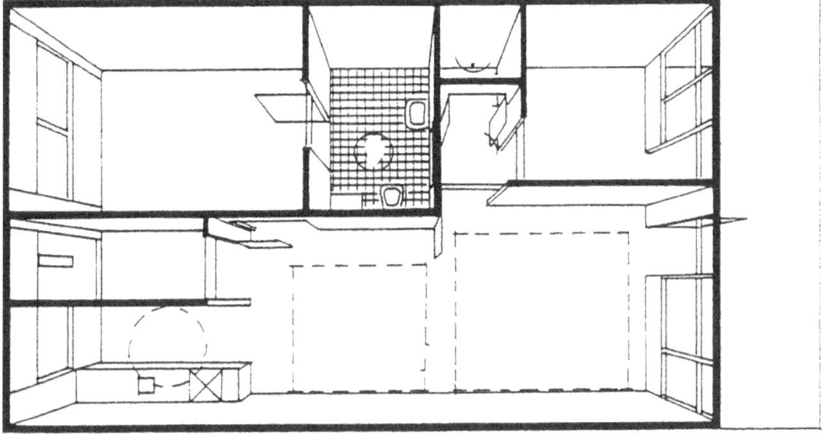

Wahl, Hans-Werner, Mollenkopf, Heidrun & Oswald, Frank, Alte Menschen in ihrer Umwelt, Wiesbaden 1999, S. 92

Das Ziel des „Seniorenlabel" ist es, dieses Wohnkonzept auf den gesamten Wohnungsbau anzuwenden, damit kein Wohnungswechsel im Alter oder bei körperlicher Beeinträchtigung notwendig ist und die Bewohner in ihrer Wohnung und in ihrem sozialen Umfeld bleiben können.

6.1 Biografiearbeit

Zum Wohnen gehört auch die eigene Biografie eines jeden Menschen. Biografie ist ein wichtiger Aspekt in der Gerontologie. Der Mensch wird nicht von jetzt auf gleich alt, es ist ein langer Prozess, der ein Produkt aus vielen Erlebnisse und Erfahrungen ist. Jeder gestaltet sich sein Leben selbst, viele

46 Vgl. Wahl, Hans-Werner, Mollenkopf, Heidrun & Oswald, Frank, Alte Menschen in ihrer Umwelt, Wiesbaden 1999, S. 93ff.

Faktoren spielen eine große Rolle auf dem Weg ins Alter. Vergangenheit, Gegenwart und Zukunft sind im Zusammenhang mit dem Lebenslauf zu sehen. Jeder Mensch hat schon einmal einen Lebenslauf für eine Bewerbung geschrieben, hier werden die eigenen biografischen Daten in einer Übersicht zusammengefasst. Diese Art von Biografie genügt nicht, um den Menschen kennenzulernen. Biografiearbeit meint stattdessen die Beschreibung des Lebens von der Geburt bis zum Tod. Es sind die Höhen und Tiefen im Leben, die einen prägen und zu dem Menschen machen, der jeder ist. Biografie hilft oft, andere Menschen in ihrem Handeln und Denken verstehen zu können. Ein Mensch, dem Gewalt zugefügt wurde, ist oft introvertiert und misstrauisch seinem Umfeld gegenüber. Zur Biografie gehören der Familienstand, die Ausbildung, der Beruf, eigene Partnerschaften und Familie, Freunde, das eigene soziale Umfeld, Trennung von Partnern, Tod von nahestehenden Personen, Unfälle, Katastrophen und die Zeitgeschichte. Im Kontext zu den äußeren Gegebenheiten steht die innere Identität. Sie beschreibt die geistige und moralische Entwicklung, die Einstellung und Meinung sowie die eigene Wertvorstellung. Die Biografie hilft, den Menschen anhand seiner persönlichen Lebenserfahrungen zu deuten. Auch die Wohngeschichte gehört zur Biografie. Jeder Mensch hat eine Wohngeschichte, sie prägt die Wohnqualität des Einzelnen. Die heute 70jährigen und älteren Menschen haben alle den Zweiten Weltkrieg, entweder als Kinder oder junge Erwachsene, erlebt. In der Nachkriegszeit befanden sich diese Menschen in der Zeit der Familiengründung oder im Jugendalter. Sie haben entweder das Wirtschaftswunder der Bundesrepublik Deutschland oder die Planwirtschaft der DDR erlebt. Durch den Zweiten Weltkrieg wurde sehr viel Wohnraum komplett zerstört. Während und nach dem Krieg gehörten notdürftige Unterkünfte in Kellern, Bunkern oder Hausruinen zum Lebensraum. Es war normal, mit mehreren Personen auf engem Wohnraum zu leben. In den Wohnungen gab es selten private Toiletten und Küchen. Meist waren es Gemeinschaftsräume, die mit mehreren Haushalten geteilt wurden. Ähnlich wie Lebensmittelkarten gab es Scheine für Wohnungsinventar. Möbel und Hausrat wurden zugewiesen. Es konnte sich nicht das ausgesucht werden, was gefällt, sondern man musste mit dem zufrieden sein, was es gab. Erst in den 50er Jahren gab es eine Revolution im Wohnungsbau. Nun wurde es Standard, für jeden Erwachsenen einen Raum zur Verfügung zu stellen. So erhielt eine dreiköpfige Familie eine mindestens 50-Quadratmeter-Wohnung. Fließendes, warmes Wasser, eine Heizung und ein Bad in der Wohnung waren Luxus und eine entscheidende Verbesserung der Lebensqualität. 1950 hatte nur jedes zweite Ehepaar seine eigene Wohnung. Die Anderen lebten bei ihren Eltern oder zur Untermiete. Diese Wohnerfahrungen müssen berücksichtigt werden, wenn heute für diese Generation geplant wird. Daher ist die vertraute Umgebung trotz großer Mängel sehr wichtig für Senioren, da sie sich mit der Zeit einen Lebensstandard aufgebaut haben, der für uns heute selbstverständlich ist.[47] Es ist nicht selten der Fall, dass diese Generation schon seit Jahrzehnten in ein und derselben Wohnung oder in einem Haus wohnt und mit den Mängeln des Wohnraums auskommt und sich angepasst hat. Oft schränken diese Barrieren die Lebensqualität enorm ein. In meinem Buch ist es mir wichtig, die Mängel zu erkennen und Lösungsvorschläge zur Beseitigung zu machen. Daher ist es relevant zu wissen, was in den einzelnen Wohnbereichen beachtet werden muss, damit eine altersgerechte Wohnungsanpassung den Bewohner unterstützt und seine Lebensqualität fördert. Im Folgenden werde ich die einzelnen Räume im Wohnbereich beschreiben und erläutern, was für die Planung bzw. den Umbau relevant ist.

47 47 Vgl. Jasper, Bettina M., Lehrbuch Altenpflege – Gerontologie, Hannover 2002, S. 202ff.

6.2 Eingang

Durch den Hauseingang gelangt man in die Wohnung oder in das Haus. Der Eingang ist die Verbindung zwischen Innen- und Außenwelt eines Hauses. Oder wie es Christopher Alexander beschreibt: „Beim Betreten oder Verlassen eines Gebäudes braucht man sowohl im Gebäude als auch außerhalb einen Raum zum Durchgehen. Das ist der Eingangsraum."[48] Im Eingangsbereich werden Besucher empfangen und verabschiedet. Der Bewohner kann selbst entscheiden, wer in seinen privaten Wohnbereich darf und wer nicht. Dieser Bereich ist sehr aktiv, die Tür ist in ständiger Bewegung, wenn der Bewohner oder Besucher kommt und geht. Es ist häufig der Fall, dass der Eingang über eine kleine Stufe oder Treppe zu erreichen ist. Daher benötigen Menschen, die mit einem Gehwagen oder Rollstuhl unterwegs sind, eine Rampe, um den Eingang problemlos betreten zu können. Die Rampe sollte nicht mehr als 6 % Steigung haben, da sie sonst zu steil ist und wieder zu einem Hindernis wird. Überschreitet die Rampe eine Länge von 600 cm, muss ein Zwischenpodest von mindestens 150 cm eingebaut werden. Rampe und Zwischenpodest müssen eine 10 cm hohe Kante besitzen, sie dient für Rollstuhlfahrer als Abrutschsicherheit. Auch beidseitige Handläufe von 3,00–4,5 cm Durchmesser und 85 cm Höhe sind zu installieren.[49] Falls die Eingangstreppe zu hoch und eine Rampe zu steil ist oder kein Platz für eine Rampe ist, gibt es die Möglichkeit, einen Plattformlift anzubringen. Diese Maßnahme ist jedoch sehr teuer und wartungsfähig, da der Lift elektronisch bedient wird. Gibt es Probleme mit der Elektrik, wird die Treppe wieder zum Hindernis. Fußabstreicher müssen rutschfest sein und am Besten sollten sie in den Boden versenkt werden, damit die Kanten nicht zu Stol-

48 Alexander, Ch., Eine Muster-Sprache, Wien 1995, S. 130.

49 Vgl. Stemshorn, A., Barrierefrei Bauen für Behinderte und Betagte, 5. Aufl., Leinfelden-Echterdingen 2003, S. 135.

perfallen werden. Dies gilt auch für Teppiche und Läufer im Wohnbereich. Doch eine Versenkung im Boden ist aufwendig und nicht mal eben schnell angebracht. Eine Gummimatte unter dem Fußabstreicher oder ein Läufer genügt schon, damit diese nicht wegrutschen. Ein manuell zu bedienendes Licht am Hauseingang erleichtert das Suchen des Schlosses.

6.3 Hausflur

Der Flur befindet sich direkt hinter dem Eingang. Er ist der Durchgangsbereich zu den einzelnen Räumen. Oft ist es ein langer schmaler Gang. Von hieraus befinden sich jeweils links und rechts die Eingänge zu den anderen Räumen. Meistens liegt der Flur in der Mitte der Wohnung oder des Hauses. Er ist das Bewegungszentrum und das Verbindungselement zwischen den einzelnen Räumen. Eine Sitzgelegenheit im Flur bietet die Möglichkeit, sich die Schuhe bequem an- und auszuziehen, ohne das Gleichgewicht zu verlieren. Ältere Menschen, die unter Sehstörungen leiden, erkennen einen weißen Türgriff auf einer weißen Tür kaum. Sie greifen ins Leere, verlieren womöglich das Gleichgewicht und stürzen. Daher ist es ratsam, Farbkontraste einzusetzen, um solch eine Situation zu vermeiden. Die weiße Tür könnte einen braunen Türgriff bekommen. Auch Steckdosen sind von Lichtschaltern und ihrem Hintergrund farblich zu unterscheiden. Ist die Klingel im Eingangbereich zu leise, sollte eine weitere Klingel in der Wohnung angebracht werden oder für hörgeschädigte Personen ein Licht, das aufleuchtet, wenn es an der Tür klingelt.

6.4 Treppenhaus

Über die Treppe gelangt man in andere Stockwerke. Sie ist die Verbindung zwischen den Etagen im Haus. Im eigenen

Haus befinden sich meist Bad, Schlafzimmer und Hobbyräume im Obergeschoss und Küche, Wohnzimmer und Gäste-WC im Erdgeschoss. Man kann das Schlafzimmer in das Erdgeschoss verlegen, wenn ausreichend Platz vorhanden ist. Oft funktioniert es aber nicht. Treppenhäuser sind ausschlaggebend für die Selbstständigkeit einer betagten Person. Wenn die Treppe kein Hindernis ist, können sich die Bewohner in ihrem Haus frei bewegen oder die Wohnung selbstständig verlassen, falls sie nicht im Erdgeschoss eines Mehrfamilienhauses wohnen. Handläufe an beiden Seiten der Treppe geben Halt und Sicherheit beim Steigen und sollten sich kontrastreich von der Wand abheben. Der Handlauf muss 85 cm hoch sein, einen Durchmesser von 3,00–4,5 cm haben und am Anfang und Ende 30 cm über die Stufen hinausragen. Somit kann die Lage der ersten und letzten Stufe mit der Hand wahrgenommen werden und der Bewegungsablauf ist sicherer. Durch Farbkontraste oder Materialänderung erkennen sehbehinderte Menschen die einzelnen Stufen besser. Die Markierung der Treppenstufe muss ein 8 cm breiter Streifen an der Vorderkante sein und über die gesamte Länge der Stufe erfolgen. Wendeltreppen sind ungeeignet für ältere Menschen, da der Auftritt zum Treppenauge schmaler und steiler wird. Die Folgen können Fehltritte und Orientierungslosigkeit sein. Es gibt viele ältere Menschen, die keine Kraft mehr haben, Treppen zu steigen. Für diese Zielgruppe gibt es den Treppenlift. Er wird an der Wand oder der Innenseite der Treppe angebracht. Eine Sitzschale ermöglicht den selbstständigen Transport einer Person hinauf und hinunter. Für Rollstuhlfahrer gibt es Treppensteighilfen. Sie werden unter den eigenen Rollstuhl montiert. Hierfür wird aber eine Hilfsperson benötigt, die das Gerät bedient. Wie bereits in Kapitel 3.3.2 erwähnt, sind in Treppenhäusern und Fluren eine Beleuchtungsstärke von 500 Lux und eine horizontale Leuchtstärke bei einer Höhe bis 85 cm über dem Boden von 200–300 Lux wichtig. Schlagschatten und Glanzstellen sollten vermieden werden, da sie zu Fehltritten führen können. Matte Oberflächen vermeiden die Reflektion und bieten besseren Halt unter den Füßen.

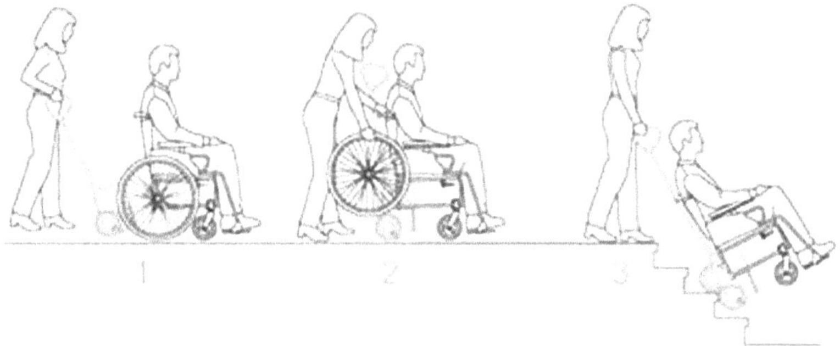

Treppensteighilfe: http://www.hms-burgdorf.ch/Treppensteiggeraet.html

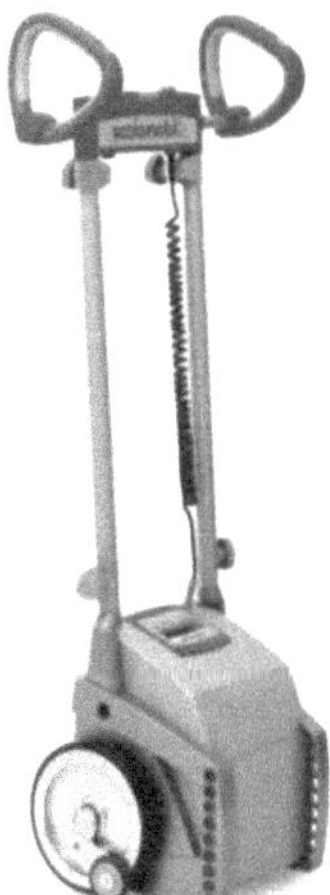

Treppensteiger: http://upload.wikimedia.org/wikipedia/de/f/ff/Treppensteiger.jpg

6.5 Bad und Toilette

Die Selbstständigkeit im Bad und auf der Toilette ist vielen sehr wichtig. Keiner lässt sich gern von einem anderen waschen. Daher sollten auch hier Änderungen vorgenommen werden, die das tägliche Waschen und den Gang zur Toilette erleichtern. In kleinen Bädern und Gästetoiletten sollte die Tür nach außen zu öffnen sein, damit bei einem Sturz die Person die Tür nicht blockiert und schnelle Hilfe gewährleistet wird. Die Tür sollte eine lichte Breite von 80 cm und eine Höhe von 210 cm haben und für Menschen, die auf einen Rollstuhl angewiesen sind, ein lichtes Maß von 90 cm Breite und 210 cm Höhe. Die vorhandene Badewanne kann mit einem Wannenlift ausgerüstet werden. Ein Sitz erleichtert das Ein- und Aussteigen aus der Wanne. Man setzt sich auf den Sitz und wird per Knopfdruck in die Wanne heruntergelassen. Diese Variante ist sehr teuer und benötigt ausreichend Platz. Ein Badewannendrehsitz ist die einfachere Alternative. Dazu setzt man sich auf den Sitz, mit dem Rücken zur Badewanne. Dann wird der Sitz in Wannenrichtung gedreht, wobei die Beine über den Wannenrand gehoben werden müssen. Ein Vollbad kann man mit dem Badewannendrehsitz nicht erreichen, jedoch sicheres Duschen im Sitzen. Es gibt auch Badewannen, die mit einer Tür ausgestattet sind. Hierbei ist das Problem, dass der Benutzer in der Wanne warten muss, bis diese sich mit Wasser gefüllt hat bzw. bis das Wasser abgelaufen ist.

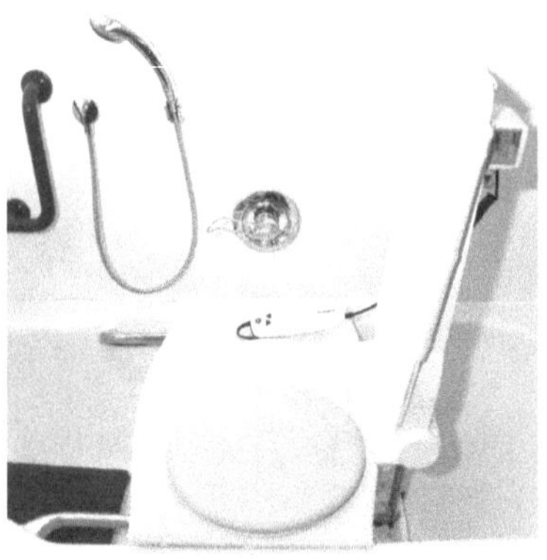

Badewannenlift: http://www.online-wohn-beratung.de

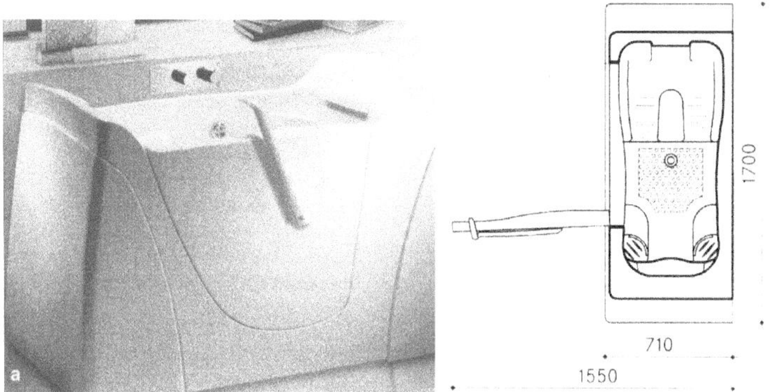

Holfeld, M., Barrierefreie Lebensräume, Berlin 2008, S. 119

Duschen sollten ebenerdig sein und mit direktem Abfluss. So werden Stolperkanten vermieden und Rollstuhlfahrer können ebenfalls direkt mit dem Rollstuhl in die Dusche fahren. Ein Duschhocker oder Sitz bietet Sicherheit, Halt, Selbstständigkeit und Bequemlichkeit beim Duschen.

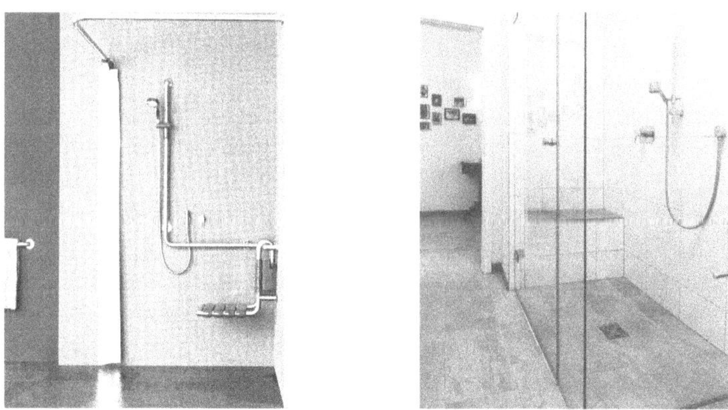

Abbildung links: Holfeld, M. Barrierefreie Lebensräume, Berlin 2008, S. 116
Abbildung rechts: Martin, J. Barrierefrei Wohnen, Taunusstein 2008, S. 32

Haltegriffe sollten ebenfalls vorhanden sein. Fliesen mit rauen Oberflächen oder einem hohen Fugenanteil vermindern die Rutschgefahr und die Lichtreflektion. Es gibt Matten aus Gummi für Duschen und Wannen. Sie werden mit Saugnäpfen befestigt. Doch sie müssen gut am Untergrund haften, damit sie keine Stolper- oder Rutschfallen werden. In der Dusche und im Bereich der Badewanne ist wieder darauf zu achten, dass sich Haltegriffe und Armaturen vom Hintergrund abheben, damit sie leichter erkannt werden. Es gibt Thermostate, die die Wassertemperatur regulieren und somit vor Verbrennungen schützen. Für das Waschbecken gibt es keine optimale Höhe. Stattdessen sollte es entsprechend der Höhe des Benutzers montiert werden. Für Rollstuhlfahrer oder ältere Menschen, die einen Rollator benutzen, muss genügend Beinfreiheit unter dem Waschtisch vorhanden sein. So kann der Betagte sich bequem im Sitzen waschen. Ein um 10° geneigter oder in Augenhöhe angebrachter Spiegel erleichtert die tägliche Pflege. Es gibt komfortable, höhenverstellbare Waschtische, die jederzeit den individuellen Bedürfnissen des Benutzers gerecht werden können. Im Badezimmer sollten mehrere Leuchten installiert werden und die Leuchtmittel eine Beleuchtungsstärke von 500 Lux erreichen. Dazu kommen eine Deckenbeleuchtung, die den Raum erhellt, Lampen seitlich oder über dem Spiegel und eine Beleuchtung über der Dusche bzw. Badewanne. Indirektes Licht schützt vor Reflektion und vermindert die Sturzgefahr. Die Benutzung der Toilette kann zum Problem werden, wenn diese zu niedrig montiert wurde oder Haltegriffe fehlen. Dadurch erschwert sich das Hinsetzen und Aufstehen für den Benutzer. Vorhandene Toiletten können mit einem WC-Aufsatz ausgestattet werden. Sie erhöhen die Sitzhöhe. Neue Toiletten können von Anfang an höher installiert werden. Die Sitzhöhe des WCs sollte 48 cm betragen. Genügen diese Maßnahmen nicht, weil der Benutzer in der Bewegung eingeschränkt ist, ermöglicht das Dusch-WC die Selbstständigkeit bei der Benutzung der Toilette. Ein Duschstrahl mit Warmwasser und ein Warmluftföhn ermöglichen die Intimhygiene. Zum Aufstehen hilft ein Toilettenlift und unterstützt das Erheben von der Toilette.

Abbildung Badezimmer: Martin, J. Barrierefrei Wohnen, Taunusstein 2008, S. 19

Eine Beleuchtungsstärke von 300 Lux bei einer Höhe bis 85 cm über dem Boden genügt im WC-Bereich. Für Personen, die auf einen Rollstuhl angewiesen sind, muss vor der Toilette eine Bewegungsfläche von 150 cm x 150 cm gewährleistet sein, damit sich die betroffene Person mit dem Rollstuhl uneingeschränkt bewegen kann.

6.6 Küche

Die Küche ist ein zentraler Aufenthaltsort, „[...] das Herz von Heim und Wohnen."[50] Gelb-orange-rote Töne regen den Appetit an, sollten aber keine hohe Sättigung haben, weil die Farbe mit dem Essen konkurriert und Mahlzeiten farblos und blass wirken und den Appetit verderben können. Um in der Küche so selbstständig wie möglich zu kochen, bedarf es auch hier einigen individuellen Anpassungen. Zunächst sollten die Größe und die vorhandenen Utensilien der Küche auf den Bedarf abgestimmt werden. In einem Zweipersonenhaushalt wird mehr Geschirr benötigt als für nur eine Person. Überflüssige Küchenmaterialien sollten entsorgt werden, damit Platz entsteht für die wirklich benötigten Küchengeräte. Eine „normale" Küche ermöglicht das Kochen im Stehen und man muss sich oft bücken und strecken, um an die Geräte zu kommen. Doch im Alter können diese Abläufe sehr schwierig werden. Auch das Kochen im Stehen wird zur Belastung. Es empfiehlt sich, einen Arbeitsplatz mit Sitzgelegenheit einzubauen, die Arbeitsplatte sollte eine Höhe von 10–15 cm unter dem angewinkelten Ellbogen des Benutzers haben. Eine durchgängige Arbeitsplatte erleichtert das Verschieben der Mahlzciten und teilweise schweren Kochgeräte, ohne diese mit großer Mühe anheben zu müssen. Auch ein Brauseschlauch ist empfehlenswert, denn so können Töpfe leichter mit Wasser gefüllt werden. Benutzerfreundlich für ältere Menschen und Rollstuhlfahrer sind kontrastreiche Bedienelemente und Steckdosen auf einer Höhe von 85 cm. Backofen, Kühlschrank und Spülmaschine sollten erhöht werden. Dies erleichtert das Arbeiten und Bedienen mit den Geräten. Hängeschränke sind oft zu hoch montiert und sollten in der Höhe ebenfalls individuell auf den Benutzer abgestimmt werden. Es gibt auch eine Wandschiene, die es ermöglicht, die Hängeschränke nach unten und oben zu schieben.

---

50 Gießler, J.F. & Müller, C. Wohnen im Alter, Stuttgart 1996, S. 125.

Um leichter an die Geräte in den Unterschränken zu gelangen, helfen Auszüge oder Einhängekörbe zum Herausziehen. Diese Maßnahmen sparen Kraft und ermöglichen ein selbstständiges Kochen in der Küche. In den folgenden Abbildungen sind die optimalen Maße einer sitzenden und stehenden Person in der Küche dargestellt. Sie dienen zur Orientierung, denn meiner Meinung nach ist es immer besser, die Höhen individuell auf den Benutzer anzupassen.

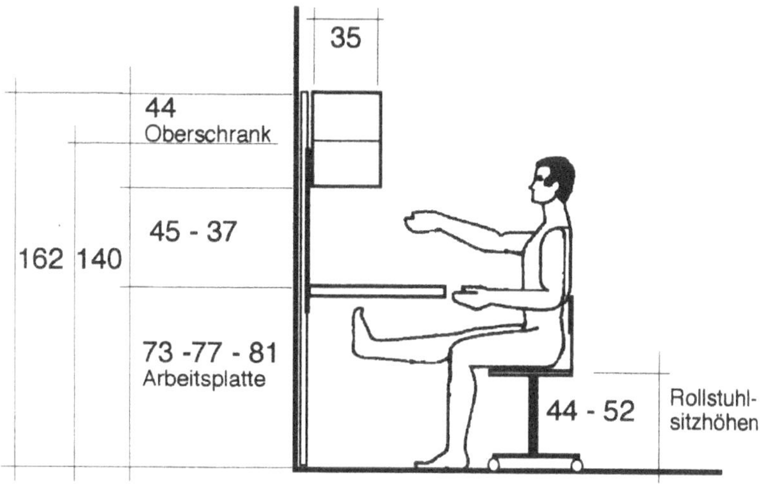

Abbildung: Gießler, J. F. & Müller, C. Wohnen im Alter, Stuttgart 1996, S. 126f

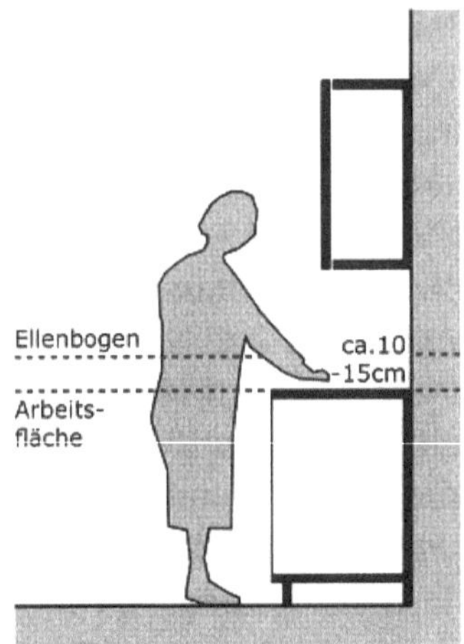

4.223 - a
Arbeitshöhe
Leichte Tätigkeiten

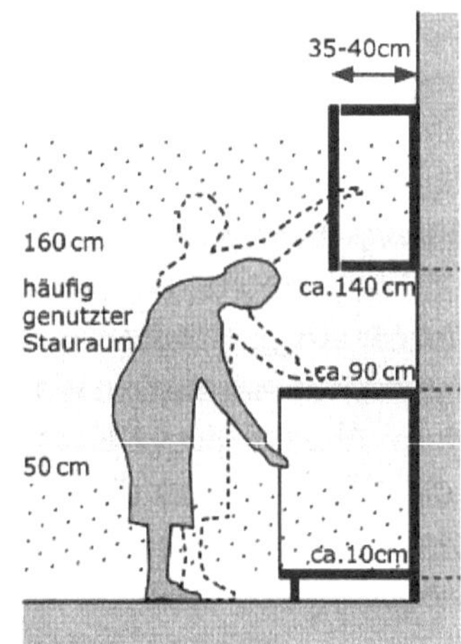

4.223 - b
Altengerechte
Greifbereiche

- 90 cm bei Körpergröße 160 – 165 cm
- 95 cm bei Körpergröße 170 – 175 cm
- 100 cm bei Körpergröße 180 – 185 cm
- 105 cm bei Körpergröße 190 – 200 cm

Abbildung Arbeitshöhen: http://www.architekturbuch.de

In der Küche sollte zudem ein rutschfester Boden vorhanden sein. Er ermöglicht eine sichere Bewegung und schützt vor Stürzen. Schiebetüren, abgerundete Ecken und Kanten vermindern zusätzlich die Verletzungsgefahr in der Küche. Ein Lichtsignal, das leuchtet, wenn der Herd noch heiß ist, und ein Rauchmelder dienen dem Brandschutz. Arbeits- und Kochbereich sollten gut beleuchtet sein. Hier sind 500–1000 Lux ratsam, damit eine Verletzungsgefahr beim Zubereiten von Mahlzeiten vermindert wird und es keine Verbrennungsgefahr beim Kochen gibt. Ein Esstisch in der Küche bietet sich an, damit die heißen Speisen nicht in andere Zimmer getragen werden müssen. Der Tisch sollte abgerundete Kanten haben und für Rollstuhlfahrer Unterfahrbar sein. Im Essbereich sollten ebenfalls 500 Lux bei einer Höhe bis 85 cm über dem Boden bestehen.

So könnte eine barrierefreie, altersgerechte Küche aussehen: Die Hängeschränke und der Arbeitsbereich sind durch eine Wandschiene individuell höhenverstellbar. Der Backofen ist auf Sichthöhe montiert und die Unterschränke haben Auszüge.

Abbildung: Holfeld, M.: Barrierefreie Lebensräume, Berlin 2008, S. 98

6.7 Wohnzimmer

Der Wohnraum ist der Mittelpunkt des Gemeinschaftslebens und dient zur Erholung und Entspannung. Besucher werden empfangen und die eigene Freizeit kann im Wohnzimmer verbracht werden, z. B. mit lesen, stricken oder fernsehen. Ein angrenzender Balkon oder eine Terrasse ermöglichen es draußen zu sitzen. Sitzmöbel im Wohnzimmer werden mit der Zeit unbequem, weil sie zu niedrig sind und das Aufstehen und Hinsetzen erschweren. Viele ältere Menschen legen sich Decken oder Kissen zur Erhöhung auf die Sitzfläche. Sie können jedoch verrutschen und helfen nur wenig. Es gibt Möbelerhöhungen, die vom Tischler angefertigt werden. Sie werden auf die Sessel- oder Stuhlbeine montiert und schon ist der persönliche Lieblingssessel wieder bequem und muss nicht durch einen neuen Sessel ersetzt werden. Man kann sich danach richten, dass beim Sitzen ein rechter Winkel zwischen Ober- und Unterschenkel entsteht, dass ist die passende Sitzhöhe für ein bequemes Aufstehen.

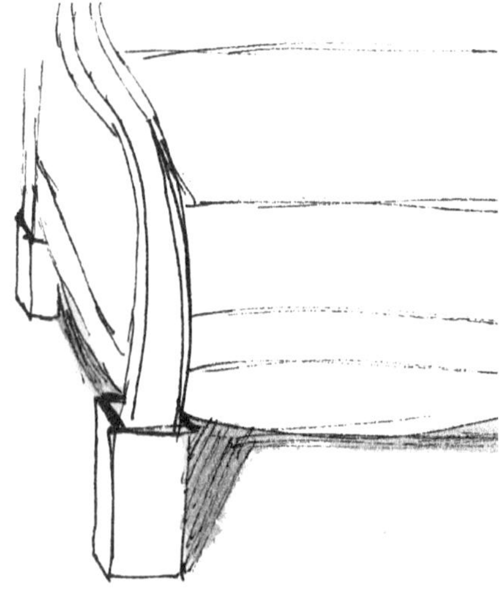

Skizze einer Möbelerhöhung für einen Sessel

Teppichkanten und lose Läufer sind Stolperfallen und sollten entweder beseitigt oder fest mit dem Untergrund verbunden werden. Eine ausreichende Beleuchtung unterstützt trotz Sehschwäche das Lesen im Wohnzimmer. Im Wohnbereich genügt eine blendfreie Raumbeleuchtung von 200–300 Lux. Mit einer separaten Leseleuchte sollte der Lesebereich eine Beleuchtungsstärke von 500–1000 Lux erreichen. Diese

Leuchte sollte dimm- und drehbar sein, um den individuellen Nutzungen zu entsprechen.

6.8 Schlafzimmer

Im Schlafzimmer genügen schon kleine Veränderungen, um die Sicherheit und Bequemlichkeit zu gewährleisten. Das größte Hindernis ist das Bett. Es ist oft zu niedrig und bereitet Probleme beim Aufstehen und Hinlegen. Eine optimale Höhe von 55 cm mit Auflage ist der Richtwert. Doch auch hier gilt: Die individuelle Anpassung des Benutzers ist am Besten. Es gibt zwei Möglichkeiten, um das Bett auf die richtige Höhe anzupassen. Die einfachste Lösung ist eine Möbelerhöhung, die ich bereits für das Wohnzimmer vorgestellt habe. Diese Variante gibt es auch für das Bett. Die zweite Möglichkeit ist ein altersgerechtes Bett bzw. Pflegebett für zu Hause. Das Seniorenbett bietet eine feste Aufstehhöhe von 50–55 cm und die Matratze kann verstellt werden. Das Pflegebett ist höhenverstellbar, die Matratze kann individuell im Rücken- und Beinbereich eingestellt werden. Durch Rollen an den Beinen ist es flexibel und es gibt die Möglichkeit, an den Seiten Rahmen anzubringen, damit der Benutzer nicht aus dem Bett fallen kann. Damit das Aufstehen noch leichter geht, können neben dem Bett Haltegriffe befestigt werden. Auch ein „Bettgalgen", der über dem Bett montiert wird, ermöglicht das bequeme Aufrichten aus der Liegeposition. Der Einbau von Schiebetüren am Kleiderschrank schafft mehr Bewegungsraum für Menschen, die auf einen Rollstuhl angewiesen sind. Neben und vor dem Bett benötigt der Rollstuhlfahrer 150 cm Platz, damit er sich uneingeschränkt bewegen kann. Im Schlafzimmer ist es sehr sinnvoll, auf scharfe Kanten an den Möbeln weitestgehend zu verzichten. Da jedoch alte Möbel oft spitze Kanten und Ecken haben, sollten diese mit Kontraststreifen hervorgehoben werden. Auch Steckdosen und Lichtschalter sollten mit Hilfe von Kontrasten deutlich vom Hintergrund abheben. Zur sicheren Unterstützung des nächtlichen Aufstehens gibt es eine blendfreie Beleuchtung, die unterhalb der Bettkante installiert ist und über einen Bewegungsmelder eingeschaltet wird. Auch ein Nachtlicht neben dem Bett ermöglicht das sichere nächtliche Aufstehen. Eine blendfreie allgemeine Raumbeleuchtung von 200–300 Lux und eine separate Leseleuchte am Bett von 500–1000 Lux, die dimmbar ist, damit sie den individuellen Bedürfnissen des Bewohners angepasst werden kann, gewähren eine gute Sehleistung im Schlafzimmer.

6.9 Exkurs: Barrierefreiheit

Barrierefrei heißt: ohne Hindernis, ohne Hürde, „[...], dass alle Menschen in jedem Alter unabhängig von ihrer Behinderung und ohne jegliche Einschränkungen gleichberechtigt, selbständig und selbst bestimmend in ihrer Umgebung leben können."[51] Eine Stufe, die in jungen Jahren kein Hindernis war, wird auf einmal zur Blockade und Gefahr. Es gibt viele kleine Faktoren, die das Leben eines alten Menschen positiv verbessern können. Ein Handlauf, der mit einer Hand umschlossen werden kann, gibt Sicherheit beim Gehen in der Wohnung. Eine bessere Beleuchtung, wie in Kapitel 3.3.2 erwähnt, ermöglicht das genaue Erkennen von Stolperfallen und größere Schrifttypen dienen der besseren Orientierung im Raum. Horizontale Barrieren sind zu schmale Türen und Durchgänge. Zu den räumlichen Barrieren gehören enge Räume sowie überflüssiges Mobiliar, das die Bewegung einschränkt.

Unter Anthropometrischen Hindernissen versteht man die Probleme mit Bedienungselementen und visuellen Informationen. So können Tür- oder Fenstergriffe zu hoch oder zu

---

51 Stemshorn, A. (Hrsg.), Barrierefrei-Bauen für Behinderte und Betagte, 5.erw. Aufl., Leinfelden-Echterdingen 2003, S. 5.

niedrig sein, der Waschtisch in der falschen Höhe montiert oder Hausnummern und Klingelschilder nicht zu erkennen sein, da die Schrift zu klein ist. Ergonomische Barrieren sind fehlende Handläufe am WC, der Badewanne, Dusche, im Flur und an Treppen. Mangelnde Sitzgelegenheiten in Duschen und bei langen Treppen gehören ebenfalls dazu. Zu den sensorischen Barrieren zählen Kontrastarme Farben und fehlende ausreichende Beleuchtung. Nicht nur Senioren profitieren von der Barrierefreiheit, sondern auch Menschen mit einer Seh- und Gehbehinderung, Menschen mit sonstigen Behinderungen und Kinder. Ein großer Vorteil für barrierefreies Wohnen ist, dass die Bewohner in ihrer Wohnung sehr lange wohnen bleiben können. In der DIN 18025 Teil 1 und Teil 2 sind die baulichen Anforderungen für das barrierefreie Wohnen für Senioren und behinderte Menschen enthalten. Die nächsten beiden Abbildungen sind laut DIN 18025 Teil 1 Wohnbeispiele für einen Zwei- und einen Dreipersonenhaushalt mit einem Rollstuhlbenutzer.

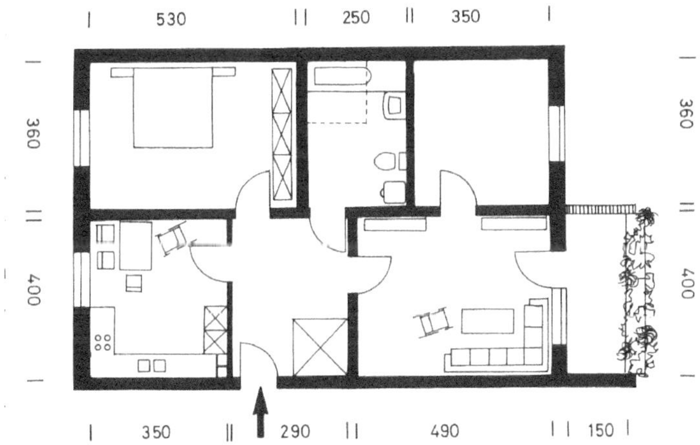

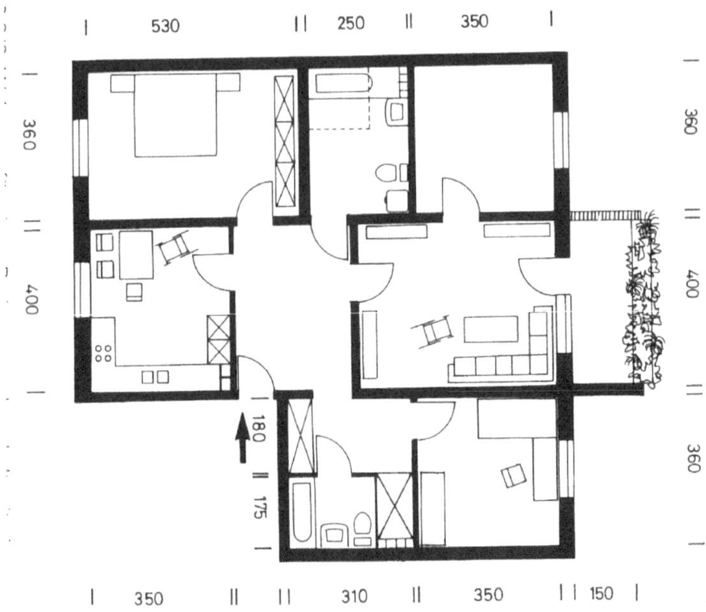

Quelle: Stemshorn, A.(Hrsg.), Barrierefrei-Bauen für Behinderte und Betagte, 5. erw. Aufl., Leinfelden-Echterdingen 2003, S. 89

Bewegungsflächen für Rollstuhlfahrer und Rollatorenbenutzer müssen mindestens 150 cm breit und 150 cm tief sein. Diese Größe gewährleistet die Wendemöglichkeit und den Platzbedarf in der Dusche sowie die Fläche vor der Toilette, dem Waschbecken und auf Terrassen oder Balkonen. Die Verkehrsfläche vor Betten, Schränken, Kücheneinrichtungen und Badewannen muss mindestens 150 cm tief und 150 cm breit sein. In Fluren ist eine Mindestbreite von 120 cm einzuhalten. Kleinere Räume müssen für den Betagten problemlos vor- und rückwärts fahrend genutzt werden. Kleine Türschwellen können im Alter oder bei einer körperlichen Einschränkung zum Problem werden. Daher sollten sie weitestgehend vermieden werden und nicht höher als 2 cm sein.

Im Bestand können Schwellen nicht ohne Weiteres demontiert werden. Sogenannte Schwellenkeile, die nach Maß angefertigt werden, erleichtern das Überwinden einer Schwelle. Dabei ist darauf zu achten, dass die Tür noch geschlossen werden kann. Oder es müssen mobile Keile eingesetzt werden, die nach Bedarf wieder entfernt werden können. Die Wohnungseingangstür und Innentüren müssen laut DIN 18025 Teil 1 und 2 eine lichte Durchgangsbreite von 90 cm haben. Für ältere Menschen ohne Rollstuhl genügen 80 cm. Eine helle Beleuchtung vor der Tür sorgt für Sicherheit. Läufer und Schmutzfangmatten dürfen nicht lose auf dem Boden liegen, sondern müssen in den Untergrund eingelassen oder auf dem Boden fest verklebt werden. Dies gilt auch für alle Teppiche und Läufer in der Wohnung. Somit wird die Stolpergefahr vermieden. Fußböden müssen rutschfest sein, sie dürfen sich nicht elektrisch aufladen und sie müssen rollstuhlgeeignet sein. Ein Flokati ist ungeeignet, da ein Rollstuhlfahrer mit den kleinen Vorderrädern hängen bleiben könnte und viel Kraft aufbringen muss, um über diesen Belag fahren zu können. Normale Fenster sind zu hoch für einen Rollstuhlfahrer, denn er kann im Sitzen nicht aus dem Fenster schauen. Man kann die Brüstung auf 60 cm herabsenken und ein Querrohr oder Gitter außen am Fenster bis 90 cm anbringen. Dies ermöglicht freie Sicht für den Betagten und gleichzeitig die Einhaltung der baulichen Verordnung. Heizkörper unter dem Fenster müssen verkleidet werden, damit sich der Bewohner nicht verbrennt, wenn er aus dem Fenster schaut. Ein Balkon oder eine Terrasse erhöht die Lebensqualität für Menschen, die viel Zeit in ihrer Wohnung verbringen. Die Außenfläche sollte mindestens 4,5 qm groß sein und eine Verkehrsfläche von 150 cm x 150 cm enthalten. Da auf dem Balkon die Brüstungshöhe von 90 cm für eine sitzende Person den Blick einschränkt, könnte überlegt werden, ob die Brüstung bis 60 cm reicht und darauf eine Sicherheitsglasplatte montiert wird. Trotz der Sicherheitsbestimmungen kann so eine freie Sicht ermöglicht werden. Genauere Richtwerte sind in der DIN 18025 Teil 1 und Teil 2 und in der DIN 18040-1 nachzulesen.

7 Schlussfolgerung

Durch meine Besuche in stationären Einrichtungen und in privaten Wohnungen habe ich sehr viele Einblicke bekommen, wie unterschiedlich alte Menschen wohnen. Dass es nicht immer leicht ist, aufgrund körperlicher Beeinträchtigungen mit den alltäglichen Hürden umzugehen, ist sicherlich klar. Doch gerade wir Planer können sehr viel zum Wohlbefinden der Menschen beitragen und sie unterstützen, indem wir für ihre Bedürfnisse planen und die körperlichen Handikaps akzeptieren. Trotzdem sollen die Wünsche der Senioren berücksichtigt werden. Anhand meines Fragebogens und meiner Besuche in den privaten Wohnbereichen habe ich erkannt, was für ein enormer Bedarf bei den Senioren besteht, ihre Wohnungen altersgerecht anzupassen. Dabei habe ich deutlich zum Ausdruck gebracht, wo sich die Mängel befinden. Mein daraus entwickelter Leitfaden soll eine Hilfestellung für Innenarchitekten sein. Jede Wohnung ist individuell zu betrachten und umzubauen. Selbstverständlich können auch die DIN 18025 Teil 1 und Teil 2 und die DIN 18040-1 als Richtwerte dienen, allerdings gelten sie nur für den Neubau und sind nicht im Bestand. In der Nachkriegszeit hat sich keiner über das Wohnen im Alter Gedanken gemacht. Die Menschen waren froh, dass in den 50er Jahren mehr Wohnraum für Familien zur Verfügung stand. Auch in der Architektur und Innenarchitektur wurde dieser Aspekt lange Zeit vernachlässigt. Daher ist es wichtig, sich über die Frage, wo man im Alter wohnen möchte, sehr früh Gedanken zu machen. Ein Hausbau sollte genau überlegt sein und die Architektur sowohl für junge Menschen als auch im hohen Alter angepasst sein. Barrierefreies Bauen ohne Schwellen und Stufen in Privathäusern und Mietwohnungen sollte Standard sein und Wohnungen in Mehrfamilienhäusern zusätzlich mit einem Lift erreichbar sein. Viele Menschen machen sich erst sehr spät Gedanken darüber, wie und wo sie im Alter leben möchten. Oft ist es so, dass die Senioren ihr Zuhause nicht verlassen wollen, weil sie schon seit mehr als 50 Jahren darin leben, und erst wenn durch architektonische Gegebenheiten wie Treppen, Schwellen, ungünstige Lage der lebensnotwendigen Räume (Bad im Keller oder Schlafzimmer in der zweiten Etage etc.) ein Leben im vertrautem Heim nicht mehr möglich ist, muss in eine neue Wohnung mit neuem Umfeld umgezogen werden. Dieser Umzug ist oft nicht einfach für Senioren. Es fällt schwer, sich an die neue Umgebung anzupassen und das vertraute Umfeld zurückzulassen. Es ist doch ideal, in dem eigenen vertrauten Wohnumfeld alt zu werden und dort zu leben bis ans Lebensende. Der richtige Zeitpunkt für einen Umzug sollte sehr gut überlegt sein. Es ist sinnvoll, dies in einem Lebensabschnitt zu tun, der noch eigene Mobilität zulässt und in dem die Eingewöhnung in ein neues soziales Umfeld noch möglich ist.

8 Blick in die Zukunft

In Zukunft sollte dem Universellen Design mehr Aufmerksamkeit geschenkt werden. Universelles Design orientiert sich an den Anforderungen aller Generationen und Nutzern. Es sollte nicht mehr erwähnenswert sein, dass eine Person die eigene Wohnung aufgrund architektonischer Hindernisse verlassen muss. Die Differenzierungen zwischen rollstuhlgerechten barrierefreien Wohnungen und normalen, barrierefreien Wohnungen sind nicht zukunftsorientiert. Vielmehr sollten die Wohnungen flexibel für beide Gruppen geplant und gebaut werden, wie das niederländische Wohnmodell „Seniorenlabel". Denn nur so kann flächendeckend und wirtschaftlich nachhaltig gebaut werden. Was nützt es, wenn man im Alter aufgrund kleiner Hindernisse seine Wohnung verlässt und fünf Jahre später wegen eines Sturzes an den Rollstuhl gebunden ist und sich sowohl wohnlich als auch im sozialen Netzwerk wieder neu orientieren muss? Dies ist alles andere als unterstützend und verbessernd für die Lebensqualität und Selbstständigkeit des Betroffenen. Vielmehr sollte man sich darauf konzentrieren, barrierefreie Wohnungen zu planen, die alle Generationen ansprechen, und einen Umzug im Alter nur bei hoher Pflegebedürftigkeit veranlassen. Aber nicht nur Wohnungen, sondern alltägliche Gebrauchsgegenstände sollten für jeden nutzbar sein.

So kann ein Handtuchhalter mehrere Funktionen erfüllen. Er dient als Halter für Handtücher, als Haltegriff und als Ablage.

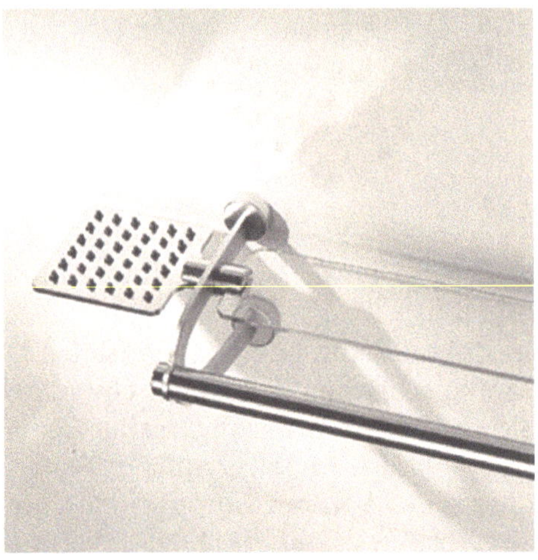

Abbildung: http://www.eckedesign.de

Ziel des Universellen Designs ist die Selbstständigkeit des Nutzers und die Anwendung für alle. Es gibt sieben Grundprinzipien des Universal Designs:

- Nutzbarkeit für alle
- Flexibilität in der Benutzung
- Einfache und intuitive Benutzung
- Sensorisch wahrnehmbare Information
- Fehlertoleranz
- Niedriger körperlicher Aufwand
- Größe und Platz für Zugang und Benutzung

Auch eine Mutter mit Kinderwagen ist auf Barrierefreiheit angewiesen und für kleine Kinder sind schwellenfreie Wohnungen viel angenehmer beim Laufen lernen. Universal Design meint: „[…] die gesamte von Menschen für Menschen gestaltete Umwelt für möglichst viele zugänglich und nutzbar zu machen. Ungeachtet ihrer individuellen Fähigkeiten, ihres Alters und Geschlechts oder ihres kulturellen Hintergrunds soll allen Menschen eine gleichberechtigte Teilhabe an der Gesellschaft ermöglicht werden. Stigmatisierung durch eine Gestaltung, die Menschen von der Inanspruchnahme und Nutzung bestimmter Dienstleistungen, Räume und Produkte ausschließt, soll von vornherein vermieden werden."[52]

52 http://www.idz.de/de/sites/1368.html.

9 Quellenverzeichnis

Alexander, Christopher (1995): Eine Muster-Sprache. (deutsche Ausgabe). Wien: Löcker Verlag.

Alte Leipziger Bauspar Magazin (2009): Wohnen & Leben (Ausgabe Nr. 3). Ostfildern: J. Fink Verlag.

Bierschenk, Burkhard P. (2006): Hauswirtschaft in der Altenhilfe. München: Verlag Neuer Merkur.

Bollnow, Otto Friedrich (2004): Mensch und Raum. (10. Auflage). Stuttgart: Kohlhammer Verlag.

Boothe, Brigitte & Ugolini, Bettina (2003): Lebenshorizont Alter. (Interdisziplinäre Vertragsreihe WS 2001/2002). Zürich: vdf Hochschulverlag AG an der ETH Zürich.

Deutsche Alzheimer Gesellschaft e.V. (Hrsg. 2008): Das wichtigste über die Alzheimerkrankheit (13. Auflage). Berlin.

Deutscher Bundestag (1994): Referat Öffentlichkeitsarbeit (Hrsg.). Zur Sache – Themen parlamentarischer Beratung – Zwischenbericht der ENQUETE-KOMMISSION Demographischer Wandel. Bonn.

Fröhlich, Werner D. (2002): Wörterbuch Psychologie. (24. durchgesehene Auflage). München: Deutscher Taschenbuch Verlag.

Gießler, Joachim F. & Müller, Claudia (1996): Wohnen im Alter. Stuttgart: Julius Hoffmann Verlag

Holfeld, Monika (2008): Barrierefreie Lebensräume. Berlin: Verlag Bauwesen.

Hirsch, Anna Maria (2001): Psychologie für Altenpfleger (2. Auflage). Band 1: Probleme des Alterns. München: Urban & Vogel Verlag.

Jasper, Bettina M. (2002): Lehrbuch Altenpflege – Gerontologie. Hannover: Vincentz Verlag.

Klinger, Johannes (2007): Farbe und Licht. München: Deutsche Verlags-Anstalt.

Krebs, Jan (2007): Basics Entwerfen und Wohnen. Basel: Birkhäuser-Verlag für Architektur.

Martin, Johannes (2008): Barrierefrei Wohnen. Taunusstein: Blottner Verlag.

Meerwein, Rodeck, Mahnke (2007): Farbe – Kommunikation im Raum (4. überarbeitete Auflage). Berlin: Birkhäuser Verlag AG.

Monz, Antje & Monz, Johan (2001): Design als Therapie. Leinfelden-Echterdingen: Verlagsanstalt Alexander Koch GmbH.

Ricklefs, Robert E. & Finch, Caleb E. (1996): Altern – Evolutionsbiologie und medizinische Forschung. Heidelberg, Berlin, Oxford: Spektrum Akademischer Verlag.

Rodeck, Bettina, Meerwein, Gerhard & Mahnke, Frank H. (1998): Mensch – Farbe – Raum. Leinfelden-Echterdingen: Verlagsanstalt Alexander Koch GmbH.

Schaade, G. (2008): Ergotherapie bei Demenzerkrankungen (4. Auflage). Heidelberg: Springer Berlin Verlag.

Schimany, Peter (2003): Die Alterung der Gesellschaft – Ursachen und Folgen des demographischen Umbruchs. Frankfurt/ Main: Campus Verlag GmbH.

Smith, Dr. Tony (1997): Der menschliche Körper. Augsburg: Bechtermünz Verlag.

Steiner, Henrike (2006): Ins rechte Licht rücken, in: Heim+ Pflege Band 37 Ausgabe 12. München: Elsevier Verlag.

Stemshorn, Axel (Hrsg. 2003): Barrierefrei-Bauen für Behinderte und Betagte (5. erw. Auflage). Leinfelden-Echterdingen: Alexander Koch Verlag.

Thomae, Hans & Lehr, Ursula (1977): Altern – Probleme und Tatsachen (zweiter unveränderter Nachdruck der ersten Auflage). Wiesbaden: Akademische Verlagsgesellschaft.

Tesch-Römer, C. & Wahl, H.-W. (1996): Seh- und Höreinbußen älterer Menschen. Darmstadt: Dr. Dietrich Steinkopff Verlag.

Wahl, Hans-Werner, Mollenkopf, Heidrun & Oswald, Frank (1999): Alte Menschen in ihrer Umwelt. Wiesbaden: Westdeutscher Verlag.

Zwimpfer, Moritz (2001): 2d visuelle Wahrnehmung (2. Auflage). Sulgen/Zürich: Verlag Niggli AG

Internet

http://www.architekturbuch.de

http://architecture.swarovski.com

http://augentagesklinik.com/de/informationen/patienten/grauer_star.php

http://www.bkk.de/bkk/common/download/infomaterial/schmecken_geschmacksverlust.pdf

http://www.derungslicht.com

http://de.wikipedia.org/

http://de.wikipedia.org/wiki/Raum_(Architektur)

http://de.wikipedia.org/wiki/Visuelle_Wahrnehmung

http://www.duden.de/definition/zuhause

http://www.eckedesign.de

http://farm4.static.flickr.com

http://www.hms-burgdorf.ch/Treppensteiggeraet.html

http://www.idz.de/de/sites/1368.html

http://www.kompetenznetzwerk-wohnen.de/sub/de/wissenspool/16neuewohnformen/index.php

http://www.khries.de/thermoholz.htm

http://www.licht.de/de/licht-know-how/ueber-licht/licht-und-sehen/

http://www.nullbarriere.de

http://www.online-wohn-beratung.de

http://www.onmeda.de/krankheiten/makuladegeneration.html

http://www.pflegewiki.de/wiki/Kalendarisches_Alter

http://upload.wikimedia.org/wikipedia/de/f/ff/Treppensteiger.jpg

http://view.stern.de

http://www.vitanet.de/rundumsalter/gesundheit

http://www.wdr.de/tv/servicezeit/gesundheit/sendungsbeitrae-ge/2008/0310/05_wohnen_im_alter.jsp

10 Anhang – Fragebogen

1. Wie alt sind Sie?

2. Bitte kreuzen Sie an: □ männlich □ weiblich

3. Wohnen Sie in Ihrem eigenen Haus, selbstständig in einer Mietwohnung, in einer Wohngemeinschaft für Senioren, im betreuten Wohnen oder in einem Pflegeheim?

4. Wenn Sie in Ihrer eigenen Wohnung leben, wohnen Sie allein, mit Ihrem Partner oder im Haus bei Ihren Kindern?

5. Fühlen Sie sich in Ihrer Wohnsituation wohl, wenn nein, warum nicht?

6. Was würden Sie in Ihrer derzeitigen Wohnung ändern?

7. Gibt es in Ihrer Wohnung altersbedingte Hindernisse (z. B. Stufen, Schwellen, zu hohe Küchenschränke oder keine ebenerdige Dusche)?

8. Welche Farben bevorzugen Sie in Ihrem Wohnraum?

9. Welche Materialien bevorzugen Sie in Ihrer Wohnung? (Bitte kreuzen Sie an, es sind mehrere Kreuze möglich)

□ Holz	□ Stein/Fliesen	□ Teppich
□ Leder	□ Stoffe/Gardinen	□ Edelstahl
□ Polster	□ Linoleum/Kautschuk	□ Kunststoff

10. Wie würden Sie Ihren Wohnstil bezeichnen?

□ Modern

□ Landhausstil

□ Englisch

□ Funktional

□ Klassisch

Danksagung

Ich danke allen Personen, die sich so zahlreich an meinem Fragebogen beteiligt haben, den Senioren, deren Wohnungen ich besichtigen und fotografieren durfte sowie den stationären Einrichtungen und Bewohnern für ihren Einblick in ihren Wohnbereich. Weiterhin danke ich Professorin Eva Filter und Professor Dr. Martin Hofmann.

Auch danke ich meiner Familie und meinen Freunden, die mich in der Zeit sehr unterstützt haben.

Abbildungsverzeichnis

Zeitfracht Medien GmbH
Ferdinand-Jühlke-Straße 7
99095 Erfurt, Deutschland
produktsicherheit@kolibri360.de